Toi, mon tendre chat...

90 textes d'écrivains
réunis par Albine Novarino-Pothier

omnibus

Préface

Dans ma cervelle se promène,
Ainsi qu'en son appartement,
Un beau chat, fort doux et charmant.

Charles Baudelaire, **« Chats »,**
***Les Fleurs du mal,* 1857**

Un chat se promenait donc dans la cervelle de Charles Baudelaire. On sait qu'il se promenait aussi dans ses appartements. Or, le cas de l'auteur des *Fleurs du mal* est loin d'être unique. Sur toute la surface du globe, depuis l'aube des temps, nombreux sont celles et ceux qui possèdent un chat, une chatte, un chaton, voire plusieurs. Persan blanc, chat de gouttière, manx, tonkinois, siamois, sphynx, bengal, American Curl, angora, ragdoll, haret déambulent dans les logis de leurs heureux propriétaires qui, comme l'avouent la plupart d'entre eux, sont plus possédés que propriétaires…

Qu'on les ait baptisés Minou, Minette, Noiraud, Charbon, Caramel, Tigrou, les chats, chattes et chatons, objets de soins, de sollicitude, d'amour, ne se contentent pas d'occuper l'espace vital de leurs maîtresses et de leurs maîtres. Du sofa au canapé, en passant par les genoux de tous les membres de la famille, avec détours par la corbeille en osier, ils occupent également leurs pensées, leurs rêves, leur imaginaire. C'est pourquoi, tout naturellement, le chat tient une place royale dans l'art, et notamment dans la littérature. Si la poésie lui a consacré de très beaux poèmes, la prose n'est pas en reste. Et c'est dans les livres les plus remarquables dédiés au genre que *Toi, mon tendre chat* a opéré une sélection pour rassembler les plus belles pages consacrées à l'animal domestique préféré des Français.

Portraits de chats nous présente le chat dans tous ses états. Croqué par des romanciers, des naturalistes, des lexicographes, le chat apparaît dans son infinie diversité ; défilent ainsi sous nos yeux les chats des concierges parisiens, les chats de cirque, mais aussi des chatons explorateurs et bien d'autres encore, étonnants et attachants.

Dans *Un homme, une femme, un chat*, nous nous glissons, à patte de velours, dans l'intimité qui unit les êtres et leur chat. Nous faisons connaissance avec Myssouf, le chat étrangement chien d'Alexandre Dumas, avec Agate, la chatte complice quasi secrétaire de Renée Massip. Nous rencontrons Mi, chez Edmond de Goncourt, grâce au journaliste Georges Docquois. Anny Duperey nous éblouit en nous relatant sa merveilleuse rencontre avec un chat de hasard. Nous découvrons aussi Piroli, que nous retrouverons au fil de chaque chapitre. Piroli, l'attachante Piroli, adorée de son maître Guy de Maupassant et dont toute l'existence nous est minutieusement relatée par François Tassard, le valet de chambre de l'auteur de *Bel-Ami*.

Une vie de chat nous permet de pénétrer, toujours à patte de velours, dans le quotidien félin. A quoi ressemble donc la vie d'un chat au fil des heures, des jours, des saisons, des années ? C'est ce que nous révèlent des spécialistes ès chats, spécialistes certes, mais inspirés et passionnés, donc passionnants, tels que Konrad Lorenz, Jean-Louis Hue, Hippolyte Taine, Elian-J. Finbert.

Mais si le chat exerce une fascination troublante sur les hommes et sur les femmes depuis la nuit des temps, c'est qu'il demeure pour l'humanité un animal très mystérieux. Il ne lui manque que la parole, assure Maupassant ; pour autant, est-il aussi hypocrite que le prétend Taine ? Faut-il voir en lui une créature diabolique, voire le diable lui-même comme le suggère Colette ? Est-il un sorcier aux mille pouvoirs maléfiques ?

Allez, baste ! Fi de questions troublantes ! C'est auprès du chat, dans une quiétude quasi paradisiaque, que se déroulent *Heures douces et complices*, que ce soit dans la salle de bains de Marcel Jouhandeau, dans les villages perdus de campagne, dans la cuisine quand bout la marmite, au cœur de la bibliothèque silencieuse d'Anatole France, lors de cordiales bagarres de salon. Le lien homme-chat est si fort que Maurice Goudeket, le troisième époux de Colette, n'hésite pas à écrire dans *Auprès de Colette* : « la chatte que nous avons eue ensemble ».

Point d'orgue – et seulement provisoirement final, – car en finit-on jamais avec les histoires de chat ? –, *Les pouvoirs magiques du chat* rassemble les extraits qui traitent de ce thème passionnant entre tous. Car si l'humanité entière adore le chat et lui voue un véritable culte, n'est-ce pas aussi et surtout parce qu'il est éminemment salvateur ? Tennessee Williams nous relate comment Livio survit grâce à sa chatte, Finbert nous conte l'aventure de cet abbé enfermé encore vivant dans son cercueil et qui échappe à une mort atroce grâce à son chat. Et s'enchaînent d'autres récits, plus incroyables, plus effarants les uns que les autres qui nous enchantent, nous émerveillent, et nous conduisent à conclure que le chat, qui est décidément le meilleur ami des hommes, valait bien qu'on lui consacre un beau livre. Car si les chats ont inspiré les écrivains, les artistes ne sont pas en reste : peintres, photographes, illustrateurs de toutes les époques et de tous les pays ont cherché à en saisir la grâce, la magie, le mystère – en un mot, l'âme.

Albine NOVARINO-POTHIER
Saint-Martin-de-Belleville
21 avril 2014

ISBN : 978-2-258-10645-1
Dépôt légal : septembre 2014
N° Editeur : 821

Omnibus | un département place des éditeurs

place
des
éditeurs

Sommaire

Portraits de Chats

Affectueuse et câline mais maniaque et retorse
Tous les chats de Paris
Le chat, du sauvage à l'épineux, en passant par le chartreux
Chats de concierges parisiens
Le minois de Moumoutte
Une merveilleuse rencontre
Les champions de la discrétion
Piroli arrive chez Guy
Les couleurs du chat
Le chat est un être parfait
Une bastille de chats très assortie
Les petits chats explorateurs
L'attitude du chat lorsqu'il est satisfait
Manon persan blanc et fille de harem
L'élégance du chat

« Affectueuse et câline mais maniaque et retorse »

Joris-Karl Huysmans

Cette bête était affectueuse et câline, mais maniaque et retorse ; elle n'admettait aucune fantaisie, aucun écart, entendait que l'on se levât et que l'on se couchât à la même heure ; et, très nettement elle faisait, lorsqu'elle était mécontente, passer, dans la sombreur de son regard, des nuances irritées, sur le sens desquelles son maître ne se trompait point.

Rentrait-il avant onze heures du soir, elle l'attendait dans le vestibule, à la porte, griffait le bois, miaulait avant même qu'il n'eût pénétré dans la pièce ; puis elle roulait de langoureuses prunelles d'or vert, se frottait contre ses culottes, sautait sur les meubles, se dressait tout debout, simulant le petit cheval qui se cabre, lui envoyait lorsqu'il s'approchait, par amitié, de grands coups de tête ; passé onze heures, elle n'allait plus au-devant de lui, se bornait à se lever alors qu'il arrivait près d'elle, faisait encore le gros dos, mais ne caressait pas ; plus tard encore, elle ne bougeait et elle se plaignait et grognait, s'il se permettait de lui lisser le dessus de la tête ou de lui gratter le dessous du cou.

Ce matin-là, elle s'impatienta de cette paresse, se mit sur son séant, se gonfla, puis s'approcha sournoisement et s'assit à deux pas de la figure de son maître, le dévisageant d'un œil atrocement faux, lui signifiant qu'il eût à déguerpir, à lui laisser la place chaude.

Là-bas, 1891

Tous les chats de Paris

Joseph Delteil

Tous les chats de Paris sont sur les toits de Paris. Il y a là le chat blanc de la crémière, bas sur pattes, ocré, rond, ronron, la langue épaisse, gourmand de lait et de crémières. Il y a le chat de Madame Durand, ocellé, roué, tout écrit comme un journal, pareil à un petit zèbre de l'air. Et le minet de la bonne, au cinquième, lâche et chaud dans son pelage bleu-blanc-rouge. Sur les toits des Champs-Elysées sont les beaux chats de la bourgeoisie, les grands angoras joufflus, pleins de principes et de lois, la rosette au poitrail, avec leurs moustaches de gendarme et leurs fourrures de chez Paquin. Plus loin, voici les chats du Champ-de-Mars, la queue en trompette, la tête en forme de képi, guerriers d'appartements en service au poste de T.S.F. Et puis les chats du XVe, les chats des petites toitures de fortune, en manches de chemise, en caleçon, lestes, faméliques, poivrots de lune. Et les matous du Bois, silencieux, confortables, épris de fortunes et de bonnes fortunes, les Rolls-Royce des chats. Et les chats de Montmartre et des Batignolles, chats des bistrots et des cours à linge, aigus, inverses, maigres de vices, luisants de coco, la queue à l'envers. Et les chats du boulevard de la Chapelle, en casquette à carreaux, juchés sur les piles du Métro. Et les chats d'Italie, pauvres chats de misère noire, frères cadets des rats, nourris de miettes et de coups de pieds. Et les chats du Luxembourg, chats étudiants, blanchis sous le harnais, chats sorbonniques, chats parchemin...

***Les Chats de Paris*, 1929**

Le chat, du sauvage à l'épineux, en passant par le chartreux

CHAT (*cha*) *n.m.* (lat. *Cattus*). Genre de mammifères, de l'ordre des carnivores et de la famille des digitigrades, qui renferme, outre l'animal domestique du même nom, un grand nombre d'espèces caractérisées par un museau court et arrondi, des mâchoires très fortes, des ongles rétractiles : *Le lion et le tigre sont des espèces du genre* CHAT. // *Chat sauvage*, Chat qui vit dans les bois. // *Chat haret*, Chat qui s'est retiré dans les bois et les garennes et y vit de gibier. // *Chat chartreux* ou *des chartreux*, Chat domestique dont le pelage est gris bleuâtre. // *Chat d'Angora*, Chat domestique à poils longs et soyeux. // *Chat d'Espagne*, Chat à pelage roux mêlé de blanc, de roux et de noir.

- Quelques espèces du genre chat ou même appartenant à d'autres genres portent le nom de « chat ». // *Chat musqué*, Civette. // *Chat de Constantinople*, Genette. // *Chat épineux*, Nom vulgaire du coendou. // *Chat du Canada*, Espèce de lynx du Canada. // *Chat à crinière*, Guépard.

***Dictionnaire Larousse du XXe siècle*, 1933**

Chats de concierges parisiens

Paul Morand

Les vrais sanctuaires des chats, c'est à Paris qu'on les trouve : ce sont les loges de concierges ; dans leur demi-jour, trône un chat coupé, généralement énorme et toujours immobile. En français, le mot « chat » est frappé à l'image même de la bête : mou, feutré, ramassé. Paris honore les chats ; cette race féline, la plus nerveuse du globe, si puissamment vitale, électrique, capricieuse et inspirée, organisée pour jouir et souffrir au paroxysme, féminine avant tout, avec la grâce des femmes, leur ressort formidable et leur inouïe résistance à la mort, méritait, mieux que la galère insubmersible, d'incarner dans sa totalité et plus secrète essence, Paris.

***Rond-Point des Champs-Elysées*, 1935**

CONCIERGE

Le minois de Moumoutte

Pierre Loti

Il était très avenant, le minois de la nouvelle Moumoutte : des yeux tout flambants jeunes, presque enfantins, le bout d'un petit nez rose – puis plus rien, tout le reste perdu dans les touffes d'une fourrure d'angora, soyeuse, propre, chaude, sentant bon, exquise à frôler et à embrasser. D'ailleurs, coiffée et tachée absolument comme l'autre, comme la défunte Moumoutte du Sénégal – ce qui peut-être avait décidé le choix de maman et de tante Claire, afin qu'une sorte d'illusion de personnes se fît à la longue dans mon cœur un peu volage... Sur les oreilles, un bonnet bien noir, posé droit et formant bandeau au-dessus des yeux vifs ; une courte pèlerine noire jetée sur les épaules, et enfin une queue noire, en panache superbe, agitée d'un perpétuel mouvement de chasse-mouches. La poitrine, le ventre, les pattes étaient blancs comme le duvet d'un cygne, et l'ensemble donnait l'impression d'une grosse houppe de poils, légère, légère, presque sans poids, mue par un capricieux petit mécanisme de nerfs toujours tendus.

Moumoutte, après cet examen, m'échappa pour recommencer ses jeux. Et, dans ces premières minutes d'arrivée – forcément mélancoliques parce qu'elles marquent une étape de plus dans la vie –, la nouvelle chatte blanche tachée de noir m'obligea de m'occuper d'elle, me sautant aux jambes pour me souhaiter la bienvenue, ou s'étalant par terre, avec une lassitude tout à fait feinte, pour me faire mieux admirer les blancheurs de son ventre et de son cou soyeux.

Le livre de la pitié et de la mort, 1891

Une merveilleuse rencontre

Anny Duperey

C'était un tout petit chat noir, d'une maigreur effrayante. Il avait dû être attaqué par un renard ou un chien car un croc lui avait percé l'oreille et du sang avait collé ses poils sur le côté de sa tête. Cette petite bête était vraiment pitoyable, tenant à peine sur ses pattes, pas très agréable à regarder avec son poil miteux et sa maigreur. Elle n'était que peur et faiblesse.

Je laissai doucement tomber ma main jusqu'à terre. Cela déclencha une nouvelle crise de panique mais elle fut de courte durée. Elle revint vite vers cette main, monta presque dans ma paume avec des miaulements suppliants et je n'eus qu'à la glisser sous son ventre, sans qu'elle résiste, pour l'amener dans mes bras.

Là, elle fit quelque chose d'incroyable. Ce fut si rapide et précis, et surprenant, que je me souviens encore du petit choc que j'ai éprouvé. Arrivé à la hauteur de ma poitrine, le petit chat se jeta littéralement contre moi, s'y plaqua de tout son long, et avec une sorte de frénésie rampa jusqu'à atteindre le creux de mon coude, y enfouit presque entièrement la tête, et ainsi aplati, collé contre moi, il ne bougea plus du tout. Ce fut si soudain, si péremptoire, que son mouvement m'avait totalement surprise, et ma surprise augmenta encore en voyant qu'une complète immobilité pouvait suivre immédiatement une si grande terreur.

Quand je me levai, il s'enfouit un peu plus profondément sous mon bras, rampant jusqu'à mon aisselle, et je pensai que sa chaleur devait lui rappeler le ventre moelleux de sa mère, dont on l'avait peut-être arraché pour le jeter dans la rivière. […]

Je sentais son émotion d'être là, à l'abri. Et moi, très confusément, je comprenais que j'avais attendu quelque chose comme ça depuis trois ans.

***Les Chats de hasard*, 1999**

Les champions de la discrétion

Buffon

Les chats ne peuvent mâcher que lentement et difficilement ; leurs dents sont si courtes et si mal posées, qu'elles ne leur servent qu'à déchirer et non pas à broyer les aliments : aussi cherchent-ils de préférence les viandes les plus tendres ; ils aiment le poisson, et le mangent cuit ou cru ; ils boivent fréquemment. Leur sommeil est léger, et ils dorment moins qu'ils ne font semblant de dormir. Ils marchent légèrement, presque toujours en silence et sans faire aucun bruit ; ils se cachent et s'éloignent pour rendre leurs excréments, et les recouvrent de terre. Comme ils sont propres, et que leur robe est toujours sèche et lustrée, leur poil s'électrise aisément, et l'on en voit sortir des étincelles dans l'obscurité lorsqu'on le frotte avec la main. Leurs yeux brillent aussi dans les ténèbres, à peu près comme les diamants, qui réfléchissent au-dehors pendant la nuit la lumière dont ils se sont pour ainsi dire imbibés pendant le jour.

Histoire naturelle, 1749-1789

Piroli arrive chez Guy

François Tassard

« Voyez, François, me dit-il un jour, je pense que pour ce rez-de-chaussée, il serait bon d'avoir un chat, car il chasserait la vermine par sa présence ; il vaut mieux s'en préserver que d'avoir à s'en débarrasser. »

Quelques jours plus tard nous avions une petite chatte que mon maître baptisa du nom de *Piroli* ; en peu de temps elle devint très familière, aimant beaucoup les caresses. Elle faisait des parties, jouant surtout avec les rideaux de perles ; cela durait quelquefois des heures et mon maître, sur sa chaise longue dans la serre, prenait grand plaisir à admirer cette charmante petite bête si gracieuse et si souple dans tous ses mouvements. Il s'attacha beaucoup à cette petite Piroli, qui le lui rendait bien. Aussitôt qu'il rentrait, elle ne le quittait plus.

***Souvenirs sur Guy de Maupassant par François son valet de chambre*, 1911**

Les couleurs du chat

Alfred Edmund Brehm

Les couleurs les plus habituelles de la fourrure du chat domestique, dans nos contrées, sont : le noir uniforme avec une étoile blanche à la poitrine ; le blanc absolu, le fauve pâle et le fauve rouge ; le gris foncé, tigré de la même couleur ; le gris bleu uniforme ; le gris clair avec rayures foncées. Il y a enfin des chats à trois couleurs avec de grandes taches blanches et fauves, ou bien fauves et noir absolu, ou bien encore tout à fait grises. Les chats à robe gris-bleu sont très rares ; les chats gris clair ou chats de Chypre sont communs, mais pour être de race pure, ils doivent avoir le dessous des pattes noir. Les chats les plus beaux, qui sont les chats zébrés, se distinguent par une tigrure brun-noir ou gris foncé. Ce qu'il y a de singulier, c'est que les individus à trois couleurs sont tous des femelles. Dans certains endroits, on les regarde comme des sorcières et on les massacre en conséquence. Aucune couleur n'est héréditaire dans cet animal, et parfois, dans une seule portée, il se trouve autant de sujets de couleurs différentes qu'il y a de petits : ces couleurs ne possèdent, en conséquence aucune valeur zoologique.

***Merveilles de la Nature, Les Mammifères,* Ca 1890**

« Le chat est un être parfait »

Peter Scheitlin

Le chat est un animal d'une nature élevée, la structure de son corps indique déjà un être parfait. C'est un petit lion, un tigre dans des dimensions réduites. Tout est symétrique en lui, aucune partie n'est ni trop grande ni trop petite ; aussi sommes-nous choqués du moindre défaut de régularité qu'il présente. Il n'a rien d'anguleux dans ses formes ; sa tête surtout, comme on peut le constater sur son crâne, a des lignes gracieuses, et nul autre animal n'a cette partie aussi belle. Le front a une courbure poétique, tout le squelette est beau et dénote une mobilité extraordinaire et une adresse particulière pour tous les mouvements ondulés et gracieux. Ses flexions ne se font pas en zigzag ou à angles aigus, ses courbures sont à peine visibles. Il semblerait qu'il n'ait pas d'os, et tout son corps paraît n'être qu'une masse molle et flexible. Ses sens sont très développés et parfaitement en rapport avec ses formes corporelles.

***Essai de psychologie animale*, 1840**

Une bastille de chats très assortie

Charles Buet

Il s'agissait d'abord de se procurer des élèves et la chasse aux chats commença, pleine de charme, furieuse. On n'admettait point à l'honneur d'entrer à l'école du jeune belluaire tous les animaux qui se présentaient. On refusait les gentils petits chatons aux yeux de béryl, à la fourrure veloutée, les chattes sournoises, mais grasses de mollesse. On eût bientôt une troupe très assortie : chats tigrés, couleur de rouille, à moustaches rudes ; chats blancs comme l'hermine, albinos aux yeux rouges, au nez noir, humide ; chats verdâtres, aux larges pattes armées de griffes oursines ; chats noirs, fantastiques, maigres, allongés, haut perchés, aux côtes saillantes sous leur poil ras ; chats pie, à queue annelée de gris et d'orange, comme les *maques* de Madagascar ; vieux chats lépreux et féroces, qu'il fallait déguiser pour qu'ils ne fissent pas horreur ; toutes les variétés, enfin, toutes les espèces furent représentées dans cette ménagerie, et la voiture du saltimbanque devint une bastille de chats qui miaulaient jour et nuit, se battaient, menaient tapage, autant à eux trente que tout un conclave de guépards sur les bords du Meschacebé.

***Le Dompteur de chats*, 1885**

Mille bons souhaits.

Les petits chats explorateurs

Champfleury

Ce sont d'intrépides explorateurs que les petits chats. Ils vont à l'aventure tantôt dans les caves, tantôt dans les greniers, grimpent sur les toits des maisons voisines, passent volontiers leur museau à la porte entrebâillée donnant sur la rue et reviennent avec une provision d'observations utiles pour l'avenir ; quelquefois cependant cette ardente curiosité les pousse dans des endroits dangereux et les jette dans des embarras dont ils se repentent.

Il faut voir un petit chat grimper le long d'un arbre. Il monte de branche en branche plus haut, toujours plus haut, comme s'il voulait se donner le spectacle d'un beau panorama. Où va-t-il ? Il n'en sait rien. Il grimpe avec ardeur, ne s'inquiétant pas si les branches s'amincissent : ce n'est quand il pose la patte sur de frêles brindilles qu'il commence à comprendre le danger d'aller toujours devant soi. Alors, plein d'angoisses, ne pouvant continuer sa route, n'osant reculer, le petit chat pousse des miaulements à fendre l'âme, et si l'arbre, sur lequel il est perché consterné, empêche par son élévation d'y appliquer une échelle pour tenter le sauvetage de l'animal, ce sera avec d'infinies précautions et le cœur battant à rompre la poitrine, que le petit chat se laissera couler le long des branches en y enfonçant des griffes névralgiques.

***Les Chats, mœurs, observations, anecdotes*, 1869**

L'attitude du chat lorsqu'il est satisfait

Pierre Gratiolet

Donnez à un petit carnassier, à un petit chat par exemple, quelque liquide savoureux et sucré. Voyez-le s'avancer lentement et flairer avec attention ; ses oreilles se dressent ; ses yeux, largement ouverts, expriment le désir ; sa langue impatiente, léchant les lèvres, déguste d'avance l'objet désiré. Il marche avec précaution, le cou tendu. Mais il s'est emparé du liquide embaumé, ses lèvres le touche, il le savoure. L'objet n'est plus désiré, il est possédé. Le sentiment que cet objet éveille s'empare de l'organisme entier ; le petit chat ferme alors les yeux, *se considérant lui-même tout pénétré de plaisir*. Il se ramasse sur lui-même, il fait le gros dos, il frémit voluptueusement, *il semble envelopper de ses membres son corps*, source de jouissances adorées, *comme pour le mieux posséder*. Sa tête se retire doucement entre ses deux épaules ; on dirait qu'il cherche à oublier le monde, désormais indifférent pour lui. Il s'est fait odeur, *il s'est fait saveur, et il se renferme en lui-même avec une componction toute significative*.

Supplément au *Journal des instituteurs*, 20 août 1882

Manon persan blanc et fille de harem

Elian-J. Finbert

Manon était véritablement une fille de harem. Persan blanc, coiffée à la Cléo de Mérode, aux bandeaux de neige bien séparés, un ruban bleu autour du cou, aux prunelles semées de lueurs de phosphore, elle avait l'onduleuse paresse d'une princesse orientale dans sa robe floconneuse d'hermine.

Elle se déhanchait avec une audace passionnée et une feinte pudeur, tout en bougeant à peine.

Elle traînait sa lassitude comme un titre de noblesse et usait de coquetterie jusqu'à la séduction la plus raffinée, recherchant le luxe, gourmande, tournée vers la rêverie sans fin.

Elle n'eut jamais de petits, car elle dédaignait les matous, le cœur dévoré d'amour uniquement pour sa maîtresse qu'elle tyrannisait et dont elle était jalouse.

Mais, au fond, elle n'avait de véritable intérêt que pour elle-même dont elle prenait un soin minutieux. Elle raffolait des parfums et la musique avait sur elle un pouvoir qui allait fort loin.

C'étaient des habitudes invétérées qu'elle s'était pour ainsi dire choisies et qu'elle avait poussées jusqu'à la manie, mais dont nul n'était surpris, dans cette maison vouée à tous les raffinements.

La chatte régnait parmi les bibelots, les tapis, les coussins de soie et les meubles précieux.

***Les Plus Belles Histoires de chat*, 1958**

L'élégance du chat

Théodore de Banville

Tout animal est supérieur à l'homme par ce qu'il y a en lui de divin, c'est-à-dire par l'instinct. Or, de tous les animaux, le Chat est celui chez lequel l'instinct est le plus persistant, le plus impossible à tuer. Sauvage ou domestique, il reste lui-même, obstinément, avec une sérénité absolue, et aussi rien ne peut lui faire perdre sa beauté et sa grâce suprême. Il n'y a pas de condition si humble et si vile qui arrive à le dégrader, parce qu'il n'y consent pas, et qu'il garde toujours la seule liberté qui puisse être accordée aux créatures, c'est-à-dire la volonté et la résolution arrêtée d'être libre. Il l'est en effet, parce qu'il ne se donne que dans la mesure où il le veut, accordant ou refusant à son gré son affection et ses caresses, et c'est pourquoi il reste beau, c'est-à-dire semblable à son type éternel. Prenez deux Chats, l'un vivant dans quelque logis de grande dame ou de poète, sur les moelleux tapis, sur les divans de soie et les coussins armoriés, l'autre étendu sur le carreau rougi, dans un logis de vieille fille pauvre, ou pelotonné dans une loge de portière, eh bien ! tous deux auront au même degré la noblesse, le respect de soi-même, l'élégance à laquelle le Chat ne peut renoncer sans mourir.

Le Chat, 1882

Un homme, une femme, un chat

Mysouff premier

Alexandre Dumas

Tous les matins, je partais à neuf heures et demie, – il me fallait une demi-heure pour aller de la rue de l'Ouest à mon bureau, situé rue Saint-Honoré, n° 216,– tous les matins, je partais à neuf heures et demie, et, tous les soirs, je revenais à cinq heures et demie.

Tous les matins, Mysouff me conduisait jusqu'à la rue de Vaugirard.

Tous les soirs, Mysouff m'attendait rue de Vaugirard.

C'étaient là ses limites, son cercle de Popilius. Je ne me rappelle pas le lui avoir jamais vu franchir.

Et ce qu'il y avait de curieux, c'est que, les jours où, par hasard, une circonstance quelconque m'avait distrait de mon devoir de fils, et où je ne devais pas rentrer pour dîner, on avait beau ouvrir la porte à Mysouff : Mysouff, dans l'attitude du serpent qui se mord la queue, ne bougeait pas de son coussin.

Tandis que, au contraire, les jours où je devais venir, si on oubliait d'ouvrir la porte à Mysouff, Mysouff grattait la porte de ses griffes jusqu'à ce qu'on la lui ouvrît.

Aussi, ma mère adorait-elle Mysouff : elle l'appelait son baromètre.

— Mysouff marque mes beaux et mes mauvais jours, me disait-elle, l'adorable femme : les jours où tu viens, c'est mon beau fixe ; les jours où tu ne viens pas, c'est mon temps de pluie.

Pauvre mère ! Et quand on pense que ce n'est que le jour où l'on a perdu ces trésors d'amour qu'on s'aperçoit combien on les appréciait mal quand on les possédait ; que c'est quand on ne peut plus voir les êtres bien-aimés que l'on se souvient que l'on aurait pu les voir davantage, et qu'on se repent de ne pas les avoir vus assez !...

Je retrouvais donc Mysouff au milieu de la rue de l'Ouest, à l'endroit où elle confine à la rue de Vaugirard, assis sur son derrière, les yeux fixés au plus profond de la rue d'Assas.

Du plus loin qu'il m'apercevait, il frottait le pavé de sa queue ; puis, à mesure que j'approchais, il se levait, se promenait transversalement sur toute la ligne de la rue de l'Ouest, la queue en l'air et faisant le gros dos.

Au moment où je mettais le pied dans la rue de l'Ouest, il me sautait aux genoux comme eût fait un chien ; puis, en gambadant et en se retournant de dix en dix pas, il reprenait le chemin de la maison.

A vingt pas de la maison, il se retournait une dernière fois et rentrait au galop.

***Histoires de mes bêtes*, 1867**

Une chatte nommée Agate

Renée Massip

Agate ne vivait pas mal. Je me retirai quelquefois, en hiver de préférence, dans ma maison qui n'était guère plus grande qu'une loge. Agate s'y installait aussitôt. Elle manifestait sa double appartenance en suivant Joseph, le jardinier, lorsque celui-ci allait pêcher dans l'étang. Il en retirait quelques poissons inconsommables qu'Agate dévorait vivants, en commençant par la tête. Puis elle venait chez moi – chez elle. C'est le seul chat que j'aie vu boire du thé. Oh ! Avec du lait, mais du thé au lait, comme pour me tenir compagnie. On ne laisse pas quelqu'un prendre son thé tout seul, même lorsqu'il travaille près de la cheminée, sa table si encombrée de papiers qu'on n'ose sauter dessus.

***Le Chat de Briarres*, 1977**

des
VINS
RUE
DES URSINS
CRUE

Leçon tirée d'une chatte

Georges Duhamel

La chatte blanche me regardait avec une défiance telle que j'avais souvent envie de duper la sale bête, de lui jouer un mauvais tour, de justifier sa défiance.

Tout compte fait dans mon esprit, je m'abstenais et passais mon chemin. Justifier la défiance du défiant, c'est encore lui donner raison et c'est, d'une certaine manière, le contenter, le combler. Je ne pouvais pas, je ne voulais pas laisser croire à la chatte blanche que sa philosophie était habile et bonne.

Les chats sont par trop rusés : cela ne leur porte pas bonheur. Ils regardent venir l'auto d'un air attentif et matois. Ils tiennent à nous montrer qu'ils ne se laissent pas piper. Et voici l'auto sur eux !

On n'écrase jamais le chien qui dort au milieu de la route. On écrase très peu de chiens, en dépit de la légende.

Depuis que je vais en voiture, je n'ai jamais tué qu'une seule malheureuse bête, hélas ! et c'est ma chatte blanche.

Fables de mon jardin, 1947

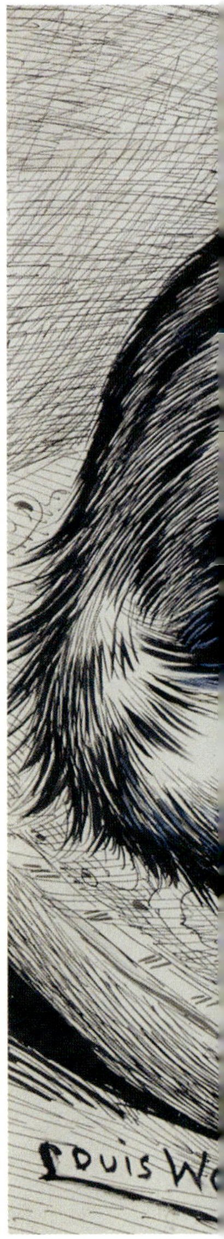

Coup de foudre

Maurice Goudeket

Nous avions acheté la Chatte à une exposition féline, avenue de Wagram, ou plutôt, comme disait Colette, c'est elle qui nous avait achetés. Au milieu de ses congénères, inquiets et agités, elle était dans sa cage, chartreuse grise de quatre mois, à poils drus et ras, à prunelles jaunes, parfaite de formes et fraîche comme une rose, assise immobile, sage et composée. Elle était si touchante que des personnes, ayant constaté que Colette et moi nous nous concertions, s'approchèrent, en suppliant : « Oh ! oui, madame Colette, achetez-la, achetez-la. »

Nous décidâmes de l'enlever sur l'heure, comme une fiancée. Ma voiture étant découverte, je m'inquiétai d'un panier, d'un collier, d'une laisse. « Pourquoi faire, dit Colette, elle sait déjà qu'elle est à moi. »

Nous essayâmes pour elle quelques noms ambitieux, par exemple Tahiti, parce que de Tahiti viennent les perles grises, mais elle ne voulut en fin de compte qu'être appelée « la Chatte », « comme s'il n'y en eût qu'une au monde ».

Littérairement, elle figure dans *La Naissance du jour* et dans d'autres ouvrages. Elle est non seulement le modèle du personnage félin de *La Chatte*, mais encore ce livre n'eût pas été écrit sans elle. Morte et non remplacée, elle devint dans *L'Etoile Vesper* et ailleurs « La Chatte dernière ».

C'est à elle que Colette et moi appliquions les vers de Musset :

Et le moins que j'en pourrais dire
Si je l'essayais sur ma lyre
La briserait comme un roseau.

***Près de Colette*, 1956**

Une chatte aussi dévouée que déçue

François-Alexandre Brasseur-Wirtgen

Mes lectures, qui nous isolaient par la pensée, la disposaient assez mal pour mes livres ; parfois sa petite tête venait se profiler sur la page que j'étais à parcourir ; elle semblait chercher quel était le charme qui pouvait m'absorber ainsi ; elle ne comprenait sans doute pas que le bonheur pût habiter au-delà d'un cœur dévoué, quand il est présent.

Que la maladie vienne nous atteindre, la chatte paraît n'être point étrangère à cet état d'affliction, et semble craindre de se rendre importune. La mienne venait-elle sur mes genoux, ce n'était qu'un instant, pour m'examiner de bien près, dans toutes les parties du visage, en frôlant l'épiderme de son petit museau investigateur. On eût dit qu'elle cherchait à voir s'il se produisait du mieux dans l'état de ma santé. Sa sollicitude n'était pas moins manifeste, lorsqu'elle m'apportait des rats ou des souris, agissant en cela exactement comme si j'eusse été son fils. Elle traînait parfois à mes pieds des rats énormes, encore palpitants ; sa logique, sans doute, était d'offrir une venaison qui s'accordât avec la taille de son consommateur, car jamais elle ne présenta de telles pièces à ses petits.

Les blessures qui ensanglantaient la tôle de ma chatte attestaient la grandeur des luttes, des périls qu'elle avait eus à affronter dans son rôle de pourvoyeuse. Mais à ce dévouement succédait la déception : après avoir placé les produits de sa chasse sous mes regards, elle paraissait très tourmentée de mon indifférence pour d'aussi bons morceaux.

***Scènes dramatiques de la vie des animaux*, 1873**

Le chat d'Edmond de Goncourt

Georges Docquois

Je m'étais levé, et, tout en remerciant le maître de son affabilité, j'avais entrebâillé la porte du cabinet de travail, quand je sentis soudain quelque chose de souple glisser prestement entre mes jambes.

— Tiens ! s'écria M. de Goncourt, c'est toi, Mi ?

— Pardon, fis-je alors, un peu inquiet, mais ne m'aviez-vous pas dit, cher maître, qu'à part les poissons… ?

— Ah ! je vous jure que j'avais bien oublié ce pauvre chat. Eh bien ! figurez-vous qu'il y a huit mois, pendant une de mes flâneries dans mon jardin, ce chat, qui était alors tout petit, vint se jeter sur mes jambes et sembla véritablement me supplier de lui donner l'hospitalité. Je n'ai jamais aimé les chats, et, cependant, je me trouvai faible devant celui-là… Aujourd'hui, cette pauvre bête est enrhumée ; elle tousse et râle comme une personne, et, cela va probablement vous faire rire, j'en suis tout préoccupé…

… Mi, la queue en cierge, me fit société jusqu'à la porte de la rue.

***Bêtes et gens de lettres*, 1895**

Péronnelle dans le crépuscule

Colette

Un dos arqué caresse mes jambes, s'en va, revient, me recaresse… Un ronron mijote au ras de terre, et c'est Péronnelle, grasse et rayée, qui vient me faire son salut du soir… Sous son vêtement d'été, dans le crépuscule, elle semble transparente et palpable, comme une crevette grise dans l'eau marine.

La Retraite sentimentale, 1907

Piroli en folie quand Guy rentre d'Italie

François Tassard

28 mars. – A 8 heures du matin, M. de Maupassant arrive d'Italie et, dès le vestibule, Piroli a reconnu sa voix ; elle accourt, se jette dans ses jambes avec des plaintes et des miaulements de joie.

« Bonjour, ma petite chatte, mais laisse-moi rentrer. » Elle ne voulait rien entendre. Il fut obligé de la prendre dans ses bras, tant elle criait.

« Payez le cocher, puisqu'il faut que je sois tout de suite à cette Piroli. Mais ce qu'elle a changé ! Elle est superbe. »

Et Piroli sur le bureau, pendant que mon maître prenait connaissance des lettres les plus pressées, faisait des ronrons et des gros dos, cherchant à appuyer ses deux pattes de devant sur la poitrine du maître, flairait sa moustache comme pour l'embrasser. Ce ne fut pas sans peine qu'il put arriver à lire sa correspondance.

Monsieur gagna ensuite sa chambre de bains. A peine est-il dans sa baignoire que Piroli saute sur le petit meuble fixé à la tête de la baignoire et essaie d'atteindre le journal qu'il lit. N'y arrivant pas, elle lui envoie dans les cheveux des coups de patte veloutés et, en gesticulant, fait tomber dans l'eau une main desséchée qui se trouvait sur le meuble. Mon maître dit en la grondant :

« Comment, tu fais tomber dans mon bain la main de Shakespeare ? Oh ! la petite gamine ! » puis, me rendant cette main : « Essuyez-la bien et posez-la plus loin, afin qu'elle ne puisse plus la faire tomber... Maintenant, servez-moi mon thé dans la serre. »

***Souvenirs sur Guy de Maupassant par François son valet de chambre*, 1911**

Tu es l'évier de mon âme

Joris-Karl Huysmans

Amusé par ce manège, Durtal ne bougea, regardant le chat, à son tour. Il était énorme, commun et pourtant bizarre, avec sa robe mi-partie roussâtre comme la cendre du vieux coke et grise comme le poil des balais neufs, avec çà et là de petits floquets blancs tels que ces peluches qui voltigent sur les tisons morts. C'était un très authentique chat de gouttière, haut sur pattes, long, à tête de fauve, très régulièrement strié d'ondes d'ébène qui cerclaient les pattes de bracelets noirs, allongeaient les yeux par deux grands zigzags d'encre.

— Malgré ton caractère de rabat-joie, de vieux garçon monomane et sans patience, tu es tout de même gentil, fit Durtal, d'un ton insinuant, pour l'amadouer ; puis, il y a assez longtemps que je te raconte ce que chacun se tait ; tu es l'évier de mon âme, toi, le confesseur inattentif et indulgent qui approuve, vaguement, sans surprise, les méfaits d'esprit qu'on lui avoue, afin de se soulager, sans qu'il en coûte ! Au fond, c'est là ta raison d'être, tu es l'exutoire spirituel de la solitude et du célibat ; aussi, je te gave d'attentions et de soins ; mais cela n'empêche qu'avec tes bouderies tu ne sois souvent, ainsi que ce matin, par exemple, insupportable !

Le chat continuait de le dévisager, les oreilles toutes droites, cherchant à démêler dans les inflexions de la voix le sens des paroles qu'il écoutait. Il comprit sans doute que Durtal n'était point disposé à sauter du lit, car il s'en fut se réinstaller à son ancienne place, mais, cette fois, en tournant le dos.

***Là-bas*, 1891**

Les chattes, le chaton et l'écrivain

Emile Zola

Dernièrement, Françoise est devenue mère. Cette écervelée a un excellent cœur. Elle soigne avec des tendresses exquises le petit qu'on lui a laissé. Elle le prend délicatement par la peau du cou, pour le promener dans toutes les armoires de la maison.

Catherine la regarde faire, perdue dans de profondes réflexions. Le petit l'intéresse. Elle a, en face de lui, des attitudes de philosophe ancien songeant à la vie et à la mort des créatures, bâtissant dans le rêve tout un système de philosophie.

Hier, pendant que la mère était sortie, elle est venue s'accroupir à côté de l'enfant. Elle l'a senti, l'a retourné avec la patte. Puis, brusquement, elle l'a emporté dans un coin obscur. Là, se croyant bien cachée, elle s'est posée devant le petit, avec les yeux luisants, l'échine frémissante d'une prêtresse s'apprêtant pour un sacrifice. Elle allait, je crois, broyer d'un coup de dents la tête de la victime, lorsque je me suis hâté d'intervenir et de la chasser. Elle m'a jeté, en s'enfuyant, des regards diaboliques, souple, silencieuse, sans un jurement.

Eh bien ! j'aime toujours Catherine ; je l'aime parce qu'elle est perfide et cruelle, comme une bête de l'enfer. Que m'importent les grâces légères de Françoise, ses moues délicieuses, ses allures de vierge folle ! Toutes nos filles d'Eve ont sa blancheur ronronnante. Mais je n'ai pu encore trouver une sœur à Catherine, une créature perverse et froide, une idole noire qui vive dans le songe éternel du mal.

***Contes à Ninon*, 1864**

Epitaphe féline

Abbé Régnier-Desmarais

Cy-gist une chatte jolie ;
Sa maîtresse qui n'aima rien
L'aima jusqu'à la folie :
Pourquoi le dire ?... On le voit bien.

Epitaphe composée par l'abbé Régnier-Desmarais en 1648 et gravée sur le monument en marbre blanc élevé à la mémoire de Ménine, la chatte de Mme de Lesdiguières.

Le chat de Victor Hugo

Champfleury

Dans ma jeunesse, j'eus l'honneur d'être reçu chez Victor Hugo, dans un salon décoré de tapisseries et de monuments gothiques. Au milieu s'élevait un grand dais rouge, sur lequel trônait un chat, qui semblait attendre les hommages des visiteurs.

Un vaste collier de poils blancs se détachait comme une pèlerine de chancelier sur sa robe noire : la moustache était celle d'un Magyar hongrois, et quand solennellement l'animal s'avança vers moi, me regardant de ses yeux flamboyants, je compris que le chat s'était modelé sur le poète et reflétait les grandes pensées qui emplissaient le logis.

C'est lui, m'écrit Victor Hugo, c'est mon chat qui a fait dire à Méry, dans les jambes duquel il faisait le gros dos, ce mot illustre : « Dieu a fait le chat pour donner à l'homme le plaisir de caresser le tigre. »

***Les Chats, mœurs, observations, anecdotes,* 1869**

Turiri, le chat océanien de Rarahu

Pierre Loti

Rarahu possédait un chat d'une grande laideur, en qui se résumaient avant mon arrivée ses plus chères affections.

Les chats sont bêtes de luxe en Océanie, et pourtant leur race est là-bas tout à fait manquée. – Ceux qui arrivent d'Europe font souche, et sont fort recherchés.

Celui de Rarahu était une grande bête efflanquée, haute sur pattes, qui passait ses jours à dormir le ventre au soleil, ou à manger des languerottes bleues. Il s'appelait Turiri. – Ses oreilles droites étaient percées à leurs extrémités, et ornées de petits glands de soie, suivant la mode des chats de Tahiti. Cette coiffure complétait d'une manière très comique ce minois de chat, déjà fort extraordinaire par lui-même.

Il s'enhardissait jusqu'à suivre sa maîtresse au bain, et passait de longues heures avec nous, étendu dans des poses nonchalantes.

Rarahu lui prodiguait les noms les plus tendres. – tels que : *Ma petite chose très chérie* – et *mon petit cœur* (ta ú mea iti here rahi) et (ta ú mafatu iti).

***Le Mariage de Loti,* 1882**

1916

L'homme et le chat

Théodore de Banville

En admettant même que l'univers ait été créé pour l'homme, plutôt que pour le Chat et les autres bêtes, ce qui me paraît fort contestable, nous devrions encore au Chat une grande reconnaissance, car tout ce qui fait la gloire, l'orgueil et le charme pénétrant de l'homme civilisé, il me paraît l'avoir servilement copié sur le Chat. Le type le plus élégant que nous ayons inventé, celui d'Arlequin, n'est pas autre chose qu'un Chat. S'il a pris au Carlin sa face vicieuse, sa tête noire, ses sourcils, sa bouche proéminente, tout ce qu'il y a de leste, de gai, de charmant, de séduisant, d'envolé, vient du Chat, et c'est à cet animal caressant et rapide qu'il a pris ses gestes enveloppants et ses poses énamourées. Mais le Chat n'est pas seulement Arlequin ; il est Chérubin, il est Léandre, il est Valère ; il est tous les amants et tous les amoureux de la comédie, à qui il a enseigné les regards en coulisse et les ondulations serpentines. Et ce n'est pas assez de le montrer comme le modèle des amours de théâtre ; mais le vrai amour, celui de la réalité, celui de la vie, l'homme sans lui en aurait-il eu l'idée ? C'est le Chat qui va sur les toits miauler, gémir, pleurer d'amour ; il est le premier et le plus incontestable des Roméos, sans lequel Shakespeare sans doute n'eût pas trouvé le sien ?

***Le Chat*, 1882**

Don-Pierrot-de-Navarre, un chat de concierge intransigeant

Théophile Gautier

Don-Pierrot-de-Navarre ne se couchait pas que nous fussions rentré. Il nous attendait au dedans de la porte et, dès notre premier pas dans l'antichambre, il se frottait à nos jambes en faisant le gros dos, avec un ronron amical et joyeux. Puis il se mettait à marcher devant nous, nous précédant comme un page, et, pour peu que nous l'en eussions prié, il nous eût tenu le bougeoir. Il nous conduisait ainsi à la chambre à coucher, attendait que nous fussions déshabillé, puis il sautait sur notre lit, nous prenait le col entre ses pattes, nous poussait le nez avec le sien, nous léchait de sa petite langue rose, âpre comme une lime, en poussant de petits cris inarticulés, exprimant de la façon la plus claire sa satisfaction de nous revoir. Puis, quand ses tendresses étaient calmées et l'heure du sommeil venue, il se perchait sur le dossier de la couchette et dormait là en équilibre, comme un oiseau sur la branche. Dès que nous étions éveillé, il venait s'allonger près de nous jusqu'à l'heure de notre lever.

Minuit était l'heure que nous ne devions pas dépasser pour rentrer à la maison. Pierrot avait là-dessus des idées de concierge. Dans ce temps-là nous avions formé, entre amis, une petite réunion du soir qui s'appelait « la Société des quatre chandelles », le luminaire du lieu étant composé, en effet, de quatre chandelles fichées dans des flambeaux d'argent et placées aux quatre coins de la table. Quelquefois la conversation s'animait tellement qu'il nous arrivait d'oublier l'heure, au risque, comme Cendrillon, de voir

notre carrosse changé en écorce de potiron et notre cocher en maître rat. Pierrot nous attendit deux ou trois fois jusqu'à deux heures du matin ; mais, à la longue, notre conduite lui déplut, et il alla se coucher sans nous. Cette protestation muette contre notre innocent désordre nous toucha, et nous revînmes désormais régulièrement à minuit. Mais Pierrot nous tint longtemps rancune ; il voulut voir si ce n'était pas un faux repentir ; mais quand il fut convaincu de la sincérité de notre conversion, il daigna nous rendre ses bonnes grâces, et reprit son poste nocturne dans l'antichambre.

***Ménagerie intime*, 1869**

Une vie de chat

Le chat et les souris
Boo le chat-tigre
Combat de chatons
Les habitudes du chat
Quand un chat de salon découvre la vie sur les toits
Une chatte sur un mur
Le bonheur selon le chat
Piroli de retour dans son logis à Paris
Mademoiselle Minette
Beauty, la perle des chattes
Le goût des chats
Le chat est-il un animal domestique ?
Fin féline historique
Les chats aiment-ils nager ?
Drame nocturne

Le chat et les souris

Jules Renard

I

Le mien ne mange pas les souris ; il n'aime pas ça. Il n'en n'attrape que pour jouer avec. Quand il a bien joué, il lui fait grâce de la vie, et il va rêver ailleurs, l'innocent, assis dans la boucle de sa queue, la tête bien fermée comme un poing.

Mais à cause des griffes, la souris est morte.

II

On lui dit : « Prends les souris et laisse les oiseaux ! »
C'est bien subtil, et le chat le plus fin quelquefois se trompe.

***Histoires naturelles*, 1894**

Boo
le chat-tigre

André Lichtenberger

Assis sur son derrière, le cou encerclé d'un ruban de satin neuf, grave, dédaigneux, conscient de sa noblesse, il impressionne. Les huissiers de la Présidence, attachés à leur épée, ont moins grand air.

Mais qu'au bout d'un morceau de ficelle sautille un tortillon de papier, voici d'un seul coup sa gravité déchue et l'idole muée en pantin. Les mois qui se sont accumulés sur sa tête l'ont laissé joueur, et son bonheur est d'inventer mille divertissements inspirés tantôt de l'hérédité lointaine qui le fait parent du tigre, et tantôt des raffinements successifs qui ont fait dégénérer son instinct en une manière d'intelligence civilisée.

Regardez-le bondir de fauteuil en fauteuil, s'accrocher aux rideaux avec un grondement et puis brusquement se laisser tomber tout d'une masse et repartir d'un galop éperdu… Ce sont ici les mœurs de la jungle… La femme de chambre qui approche, le plateau de thé sur le bras, c'est la proie convoitée, mais capable de se défendre, le buffle ou l'éléphant qu'il faut terrasser du premier coup pour n'être pas leur victime. Aussi Boo se rase dans la brousse, je veux dire sous mon fauteuil, la queue frémissante, tout le corps ondulant de désir. Elle débouche… D'une détente de ses muscles, il est sur elle, se cramponne à son tablier, avide de son sang… Mais puisque l'adversaire n'est pas tombé sous l'attaque, il n'y a que le temps de fuir. La queue en l'air, Boo détale de toute la vitesse de ses jambes. Une autre fois il sera vainqueur.

« Histoire de Boo, mon chat », ***Les Contes de Minnie,*** **1913**

Combat de chatons

Konrad Lorenz

Derrière un seau à charbon, un petit chat surveille son frère, lequel est assis au milieu de la cuisine, inconscient de cette surveillance. Le guetteur, lui, tremble d'impatience comme le ferait un tigre altéré de sang. Il fouette l'air de sa queue et exécute même les mouvements de tête et de queue des chats adultes. Lorsqu'il saute, son saut relève d'une suite d'exercices totalement différents, dont le but n'est pas l'attaque d'une proie mais le combat contre un adversaire. Au lieu de s'abattre sur son frère comme sur une souris – ce qu'il fera à l'occasion – il galope vers lui en le menaçant, le dos rond et le corps pivotant, jusqu'à se présenter à lui « de flanc ». L'autre chaton fait également le gros dos et ils restent quelque temps face à face (ou plutôt côte à côte), le poil hérissé et la queue courbée de côté. Pour autant que je sache, ceci ne se produit jamais entre chats adultes. Chacun des deux bébés chats se comporte plutôt comme si l'autre était un chien. Le jeu continue pourtant dans la meilleure tradition des combats de chats. Ils s'agrippent mutuellement par les pattes de devant et chacun à son tour exécute par-dessus l'autre un saut accompagné d'une détente des pattes de derrière qui peut être fort désagréable lorsque l'adversaire est un être humain : tenant son petit camarade sous sa poigne de fer, le chaton lance vigoureusement ses deux pattes de derrière, griffes dégainées, et frappe l'autre à petits coups répétés. Dans un vrai combat, ces coups sont destinés à lacérer le ventre toujours vulnérable de l'adversaire, et leur effet peut être terrible. Après cette courte exhibition de boxe thaïlandaise, les deux petits chats relâchent leur prise et généralement se lancent dans une course-poursuite où ils déploient encore

une grâce inouïe. Lorsque le chaton poursuivi se voit sur le point d'être rattrapé, il fait une véritable culbute qui l'amène, en douceur, silencieusement, juste au-dessus de son poursuivant. Alors il entreprend de lui planter ses griffes de devant dans les parties les plus vulnérables, tout en lui labourant le visage avec ses pattes de derrière.

Tous les chiens, tous les chats, 1954

Les habitudes du chat

Jean-Louis Hue

Le chat est un animal domestique dont l'insolente capacité de sommeil, le goût prononcé pour des surfaces incurvées et molles, et le souci constant du mieux-être conduisent à préférer une altitude moyenne de soixante centimètres, soit la hauteur d'une chaise, prolongée de l'épaisseur d'une cuisse. Le chat s'acclimate sur les genoux de l'homme.

Les nomades le dépriment. Ils se tiennent trop souvent debout. Ils marchent, courent, crient, s'énervent. Leurs campements précaires manquent de confort. Pour s'approcher de l'homme, le chat attend que la civilisation repose, vieillisse, se bonifie. Il surgit dans un monde décanté de ses lies barbares et où l'on prend le temps de chambrer le vin. Il ira tiédir près des bouteilles. L'homme récolte, bâtit sa maison, allume un feu, prend son temps, ouvre un livre. C'est un progrès. Il tapote un coussin. Le chat entend un appel dans ce tam-tam feutré.

***Le Chat dans tous ses états*, 1982**

Quand un chat de salon découvre la vie sur les toits

Emile Zola

Que les toits étaient beaux ! De larges gouttières les bordaient, exhalant des senteurs délicieuses. Je suivis voluptueusement ces gouttières, où mes pattes enfonçaient dans une boue fine, qui avait une tiédeur et une douceur infinies. Il me semblait que je marchais sur du velours. Et il faisait une bonne chaleur au soleil, une chaleur qui fondait ma graisse.

Je ne vous cacherai pas que je tremblais de tous mes membres. Il y avait de l'épouvante dans ma joie. Je me souviens surtout d'une terrible émotion qui faillit me faire culbuter sur les pavés. Trois chats qui roulèrent du faîte d'une maison vinrent à moi en miaulant affreusement. Et comme je défaillais, ils me traitèrent de grosse bête, ils me dirent qu'ils miaulaient pour rire. Je me mis à miauler avec eux. C'était charmant. Les gaillards n'avaient pas ma stupide graisse. Ils se moquaient de moi, lorsque je glissais comme une boule sur les plaques de zinc, chauffées par le grand soleil. Un vieux matou de la bande me prit particulièrement en amitié. Il m'offrit de faire mon éducation, ce que j'acceptai avec reconnaissance.

Ah ! que le mou de votre tante était loin : je bus aux gouttières, et jamais lait sucré ne m'avait semblé si doux. Tout me parut bon et beau. Une chatte passa, une ravissante chatte, dont la vue m'emplit d'une émotion inconnue. Mes rêves seuls m'avaient jusque-là montré ces créatures exquises dont

l'échine a d'adorables souplesses. Nous nous précipitâmes à la rencontre de la nouvelle venue, mes trois compagnons et moi. Je devançai les autres, j'allais faire mon compliment à la ravissante chatte, lorsqu'un de mes camarades me mordit cruellement au cou. Je poussai un cri de douleur.

« Bah ! me dit le vieux matou en m'entraînant, vous en verrez bien d'autres. »

« Le paradis des chats », *Nouveaux contes à Ninon,* 1874

Une chatte sur un mur

Octave Mirbeau

Miche n'avait encore exploré que les alentours immédiats de l'habitation, les petites touffes d'arbustes fleuris, les massifs de fusains, d'aucubas, où il ne se passe que peu de drames et des drames ordinaires. Elle se plaisait surtout aux dessous plus impressionnants des épicéas, qui, à eux seuls, lui représentaient toute la forêt et dont les aiguilles tombées font sur le sol abrité de beaux tapis fauves et moelleux. Pas d'autre grand événement qu'un mulot surpris çà et là, qu'un petit rouge-gorge qui, un matin, avait exercé, amusé ses jeunes griffes.

Elle n'avait pas non plus osé se risquer jusque dans l'intérieur du potager. Pourtant ses vieux murs, pleins de trous moussus, d'antres secrets, la brousse des pois, les guirlandes entrelacées des haricots, les arroches pourprées, splendides et droites comme des futaies au soleil couchant, tout cela devait renfermer tant de vies pullulantes et désirables. Mais la présence d'hommes barbus, dont elle n'avait point l'habitude et puis les rangées de cloches éclaboussées de soleil, les châssis, les serres, les outils en mouvement, les gestes violents des jardiniers, les gerbes d'eau retombant sur les plantes lui faisaient peur. Elle venait quelquefois considérer ce spectacle à la fois terrible et tentant, du haut d'un pan de mur, bien dissimulée dans l'ombre d'une chélidoine. Si son imagination l'attirait là, sa prudence lui conseillait de ne pas sauter le mur, de ne pas s'aventurer à travers ces merveilles, avant d'avoir reconnu ce qu'elle pouvait en tirer d'avantages précis, ce qu'elle pouvait aussi en craindre de dangers certains. Pourtant elle avait vu à plusieurs reprises un chat gris et noir, le chat du voisin, à l'affût sous les asperges ou bien glisser dans les rayons des planches. Et elle n'avait pu s'empêcher de remarquer qu'il était très gras.

Dingo, 1913

PIE SHOP
Delivery Service
FROM
IVOR
RALEIGH

Le bonheur selon le chat

Hyppolite Taine

J'ai beaucoup pensé au bonheur idéal, et je pense avoir fait là-dessus des découvertes notables.

Evidemment il consiste, lorsqu'il fait chaud, à sommeiller près de la mare. Une odeur délicieuse sort du fumier qui fermente ; les brins de paille lustrés luisent au soleil. Les dindons tournent l'œil amoureusement, et laissent tomber sur leur bec leur panache de chair rouge. Les poules creusent la paille et enfoncent leur large ventre pour aspirer la chaleur qui monte. La mare scintille, fourmillante d'insectes qui grouillent et font lever des bulles à sa surface. L'âpre blancheur des murs rend plus profonds les enfoncements bleuâtres où les moucherons bruissent. Les yeux demi-fermés, on rêve, et comme on ne pense plus guère, on ne souhaite plus rien.

L'hiver, la félicité est d'être assis au coin du feu à la cuisine. Les petites langues de la flamme lèchent la bûche, et se dardent parmi les pétillements ; les sarments craquent et se tordent, et la fumée enroulée monte dans le conduit noir jusqu'au ciel. Cependant, la broche tourne d'un tic-tac harmonieux et caressant. La volaille embrochée roussit, brunit, devient splendide ; la graisse qui l'humecte adoucit ses teintes ; une odeur réjouissante vient picoter l'odorat ; on passe involontairement sa langue sur les lèvres ; on respire les divines émanations du lard ; les yeux au ciel, dans une grave extase, on attend que la cuisinière débroche la bête et vous en offre ce qui vous revient.

« Vie et opinions philosophiques d'un chat », *Voyage aux Pyrénées*, 1860

Piroli de retour dans son logis à Paris

François Tassard

En arrivant à Paris, nous trouvons l'appartement bien chauffé. Piroli reconnaît bien son chez soi. Elle est surtout heureuse d'avoir retrouvé son rideau de perles et la peau d'ours qui a une odeur toute particulière, qu'elle cherche toujours à définir ; elle en gratte les poils à contre-sens, y met son nez et flaire longuement, sans doute dans l'espoir d'arriver à savoir ce que peut bien être cette énorme bête... Elle semble satisfaite et a repris tout de suite toutes ses anciennes habitudes. Il n'en est pas de même de mon maître ; il paraît déjà fatigué et ne s'en cache pas, il voit trop de monde et surtout reçoit trop d'invitations ; on ne cesse pas de le harceler.

***Souvenirs sur Guy de Maupassant par François son valet de chambre*, 1911**

Mademoiselle Minette

Athénaïs Michelet

Celle-ci, par une bonne fortune inespérée, était entrée toute petite dans l'appartement de l'historien. En chatte intelligente, elle avait bientôt compris que la meilleure pièce était le cabinet d'étude, clos, silencieux, loin de tous les bruits de la rue. Elle en avait fait son lieu de prédilection pour ces longs sommeils du jour qui ressemblent à des léthargies. Les manuscrits étalés sur la table, soleillés du soleil du matin, l'attiraient de préférence. Qu'elle le voulût ou non, n'aspirait-elle pas quelque chose du vivant esprit qui circulait dans ces feuilles ? On eût pu le croire plus tard.

Les Chats, 1904

Beauty, la perle des chattes

Honoré de Balzac

Quand les Dames ou les Hommes me prenaient pour passer leurs mains sur mon dos de neige et faire jaillir des étincelles de mes poils, la vieille fille disait avec orgueil : « Vous pouvez la garder sans avoir rien à craindre pour votre robe, elle est admirablement bien élevée ! » Tout le monde disait de moi que j'étais un ange : on me prodiguait les friandises et les mets les plus délicats ; mais je déclare que je m'ennuyais profondément. Je compris très bien qu'une jeune Chatte du voisinage avait pu s'enfuir avec un Matou. Ce mot de Matou causa comme une maladie à mon âme que rien ne pouvait guérir, pas même les compliments que je recevais, ou plutôt que ma maîtresse se donnait à elle-même : « Beauty est tout à fait morale, c'est un petit ange, disait-elle. Quoiqu'elle soit très belle, elle a l'air de ne pas le savoir. Elle ne regarde jamais personne, ce qui est le comble des belles éducations aristocratiques ; il est vrai qu'elle se laisse voir très volontiers ; mais elle a surtout cette parfaite insensibilité que nous demandons à nos jeunes miss, et que nous ne pouvons obtenir que très difficilement. Elle attend qu'on la veuille pour venir, elle ne saute jamais sur vous familièrement, personne ne la voit quand elle mange, et certes ce monstre de lord Byron l'eût adorée. En bonne et vraie Anglaise, elle aime le thé ; se tient gravement quand on explique la Bible, et ne pense de mal de personne, ce qui lui permet d'en entendre dire. Elle est simple et sans aucune affectation, elle ne fait aucun cas des bijoux ; donnez-lui une bague, elle ne la gardera pas ; enfin elle n'imite pas la vulgarité de celles qui chassent, elle aime le *home* et reste si parfaitement tranquille, que parfois vous croiriez que c'est une Chatte mécanique faite à Birmingham ou Manchester, ce qui est le *nec plus ultra* de la belle éducation. »

« Peines de cœur d'une chatte anglaise », *Vie privée et publique des animaux*, 1841

Le goût des chats

Théodore de Banville

Le Chat aime le repos, la volupté, la tranquille joie ; il a ainsi démontré l'absurdité et le néant de l'agitation stérile. Il n'exerce aucune fonction et ne sort de son repos que pour se livrer au bel art de la chasse, montrant ainsi la noblesse de l'oisiveté raffinée et pensive, sans laquelle tous les hommes seraient des casseurs de cailloux. Il est ardemment, divinement, délicieusement propre, et cache soigneusement ses ordures ; n'est-ce pas déjà un immense avantage qu'il a sur beaucoup d'artistes, qui confondent la sincérité avec la platitude ? Mais bien plus, il veut que sa robe soit pure, lustrée, nette de toute souillure. Que cette robe soit de couleur cendrée, ou blanche comme la neige, ou de couleur fauve rayée de brun, ou bleue, car ô bonheur ! il y a des Chats bleus ! le Chat la frotte, la peigne, la nettoie, la pare avec sa langue râpeuse et rose, jusqu'à ce qu'il l'ait rendue séduisante et lisse, enseignant ainsi en même temps l'idée de propreté et l'idée de parure ; et qu'est-ce que la civilisation a trouvé de plus ? Sans ce double et précieux attrait, quel serait l'avantage de madame de Maufrigneuse sur une marchande de pommes de la Râpée, ou plutôt quel ne serait pas son désavantage vis-à-vis de la robuste fille mal lavée ? Sous ce rapport, le moindre Chat surpasse de beaucoup les belles, les reines, les Médicis de la cour de Valois et de tout le seizième siècle, qui se bornaient à se parfumer, sans s'inquiéter du reste.

***Le Chat*, 1882**

Le chat est-il un animal domestique ?

Buffon

On ne peut pas dire que les chats, quoique habitants de nos maisons, soient des animaux entièrement domestiques ; ceux qui sont le mieux apprivoisés n'en sont pas plus asservis : on peut même dire qu'ils sont entièrement libres ; ils ne font que ce qu'ils veulent, et rien au monde ne serait capable de les retenir un instant de plus dans un lieu dont ils voudraient s'éloigner. D'ailleurs, la plupart sont à demi sauvages, ne connaissent pas leurs maîtres, ne fréquentent que les greniers et les toits, et quelquefois la cuisine et l'office, lorsque la faim les presse. Quoiqu'on en élève plus que de chiens, comme on les rencontre rarement, ils ne font pas sensation pour le nombre ; aussi prennent-ils moins d'attachement pour les personnes que pour les maisons : lorsqu'on les transporte à des distances assez considérables, comme à une lieue ou deux, ils reviennent d'eux-mêmes à leur grenier, et c'est apparemment parce qu'ils en connaissent toutes les retraites à souris, toutes les issues, tous les passages, et que la peine du voyage est moindre que celle qu'il faudrait prendre pour acquérir les mêmes facilités dans un nouveau pays.

***Histoire naturelle*, 1749-1789**

Fin féline historique

Paul Bonnecarrière

Aux environs de minuit, tout semblait calme. Aucun bruit n'était perceptible venant de la jungle, lorsque j'aperçus un trait lumineux qui déchirait le ciel. L'alarme donnée aussitôt, tous les hommes se portèrent au créneau et ouvrirent le feu au hasard, dans l'obscurité.

Le premier jet lumineux atterrit en plein centre de la cour du bastion. Nous pensions à quelques bombes de fabrication locale, quand, avec stupéfaction, nous nous aperçûmes que c'était un chat vivant qui venait de retomber sur ses pattes. A sa queue était attachée une mèche d'amadou. Brusquement l'animal s'enflamma comme une torche et se mit à courir en hurlant. Il fut suivi par cinq, puis dix, puis finalement une centaine de chats fous qui s'embrasaient, courant dans tous les sens en hurlant de douleur.

Le but recherché par les Viets, dans cette incroyable opération, atteignit parfaitement son objectif. Plusieurs des chats enflammés parvinrent à se réfugier dans la soute aux munitions, faisant ainsi sauter la presque totalité du poste. Les chats avaient été trempés dans l'essence et projetés tournoyant par la queue.

Par le sang versé, 1958

Les chats aiment-ils nager ?

Elian-J. Finbert

Car c'est un préjugé de croire à l'aversion des chats pour l'élément liquide. Certes ils n'aiment pas à tremper leurs pattes dans l'eau sans nécessité. Mais s'ils y voient un avantage, ils n'hésitent à se jeter dans les eaux profondes et rapides. On a vu une chatte fendre à la nage une rivière pour rattraper ses petits entraînés par le courant, les ramener un à un à la rive, en les saisissant par le cou avec ses dents.

Il est des chats qui se livrent à la pêche en plongeant dans les lacs, les étangs, les ruisseaux. Cette aptitude, qui s'est perdue chez un grand nombre, s'est perpétuée chez quelques-uns, comme le souvenir du temps où ils étaient à l'état sauvage, car on sait que tous manifestent à un haut degré le goût pour le poisson que l'homme s'est chargé de les pourvoir depuis qu'il en a fait des bêtes civilisées, des bêtes de société.

On en connaît qui aiment à nager, pour la joie de se déplacer dans l'eau, en y suivant leurs maîtres, habiles à avancer en manœuvrant leurs pattes de devant mieux que les chiens, mais étant toutefois moins rapides. Mlle Thaïs, la chatte blanche qui appartient à Mlle I. Pimpolio, traverse la Seine ou la Marne en nageuse parfaite, puis vient sur la rive se sécher au soleil.

***Les Plus Belles Histoires de chat*, 1958**

Drame nocturne

Louis Pergaud

Et Renard reprend, à petits pas, toujours dissimulé, le chemin de son bois, quand, à la crête d'un mur, une silhouette féline s'est précisée dans la lumière. Ses grands yeux sombres ont choqué dans la nuit les prunelles phosphorescentes du domestique, et, d'un bond formidable, il s'élance sur ses traces.

Le chat sait bien que la menace de ses griffes, suffisante pour réfréner l'audace des chiens, n'arrêtera pas l'élan du vieux sauvage et que la fuite ne le protégera pas non plus de l'atteinte de Goupil. Mais un pommier est proche. Il y atteint, il y grimpe déjà quand un coup de dents sec l'arrête et le livre à son ennemi qui l'achève. Et la nuit silencieuse retentit d'un sinistre et long miaulement, un miaulement de mort qui fait longtemps aboyer au seuil de leur niche ou au fond des étables tous les chiens du village et des fermes voisines.

***De Goupil à Margot*, 1909**

L'insondable mystère des chats

Un chat auquel il ne manquait que la parole

François Tassard

Le soir, lorsque tout le monde fut parti, Piroli alla se plaindre près de son maître. « Ce n'est pas possible, me dit-il, il y a quelque chose d'anormal pour que cette petite pleure tant. » Nous la suivons, jusqu'au petit cabinet de travail décoré de Chinois, qui était devenu la demeure de Piroli et de ses enfants... Un de ses quatre nouveau-nés était mort et elle l'avait sorti de la corbeille.

« Voilà, dit Monsieur, pourquoi vous êtes si désolée, ma petite chatte ! » Pendant qu'il la caresse, je fais disparaître le petit cadavre et Piroli reprend sa place dans la corbeille avec ses autres rejetons. Mon maître me dit : « Véritablement, il ne lui manque que la parole. » Je lui raconte alors qu'il ne m'avait pas fallu plus de deux ou trois jours pour lui apprendre à descendre matin et soir sur les bords de la Seine, où elle trouvait des herbes pour se rafraîchir et aussi quelquefois des sauterelles, dont elle était très friande...

***Souvenirs sur Guy de Maupassant par François son valet de chambre*, 1911**

Le désir de lire dans les yeux des chats

Emile Zola

Et c'est ainsi que Françoise est une fille de Paris, lorette ou marquise, créature légère et charmante qui se vendrait pour un compliment sur sa robe blanche ; c'est ainsi que Catherine est une fille de quelque cité en ruines, je ne sais où, là-bas, du côté du soleil. Elles sont de deux civilisations, poupée moderne, idole d'une nation morte.

Ah ! si je pouvais lire dans leurs yeux ! Je les prends dans mes bras, je les regarde fixement, pour qu'elles me content leur secret. Elles ne baissent pas les paupières, et ce sont elles qui m'étudient. Je ne lis rien dans la transparence vitreuse de ces yeux qui s'ouvrent comme des trous sans fond, comme des puits de clarté pâle où nagent des étincelles ardentes.

Et Françoise ronronne plus tendrement, tandis que les regards jaunes de Catherine me pénètrent comme des tiges de laiton.

***Contes à Ninon*, 1864**

Réception féline

Madame d'Aulnoy

Après qu'on l'eut poudré, frisé, parfumé, paré, ajusté, et rendu plus beau qu'Adonis, les mains le conduisirent dans une salle superbe par ses dorures et ses meubles. On voyait autour l'histoire des plus fameux chats : Rodillardus pendu par les pieds au conseil des rats, Chat botté marquis de Carabas, le Chat qui écrit, la Chatte devenue femme, les sorciers devenus chats, le sabbat et toutes ses cérémonies ; enfin rien n'était plus singulier que ces tableaux.

Le couvert était mis ; il y en avait deux, chacun garni de son cadenas d'or ; le buffet surprenait par la quantité de vases de cristal de roche et de mille pierres rares. Le prince ne savait pour qui ces deux couverts étaient mis, lorsqu'il vit des chats qui se placèrent dans un petit orchestre, ménagé exprès ; l'un tenait un livre avec des notes les plus extraordinaires du monde, l'autre un rouleau de papier dont il battait la mesure, et les autres avaient de petites guitares. Tout d'un coup chacun se mit à miauler sur différents tons, et à gratter les cordes des guitares avec ses ongles ; c'était la plus étrange musique que l'on eût jamais entendue. Le prince se serait cru en enfer, s'il n'avait pas trouvé ce palais trop merveilleux pour donner dans une pensée si peu vraisemblable ; mais il se bouchait les oreilles, et riait de toute sa force, de voir les différentes postures et les grimaces de ces nouveaux musiciens.

« La chatte blanche », *Les Fées à la mode*, 1697

Louis Wain

Minos et les perruches

Marcel Jouhandeau

Minos a peur de sa proie qui le tente : il désire tellement d'être cruel qu'il fuit la cage qui l'attire. Il se la cache, il essaie de l'oublier, mais le chant de l'oiseau lui rappelle qu'elle existe : il a beau s'éloigner, se détourner, fermer les yeux : contre ses oreilles il ne peut rien. Maintenant, c'est de lui qu'il a peur, c'est de lui qu'il attend confusément le pire : il devient triste, comme si je le forçais à renoncer à son instinct, qui l'emporte malgré lui…

Hélas ! Minos resté seul dans l'atelier avec la cage des perruches, délivre la plus belle, et lui mord bien exactement le cœur. Deux étoiles de sang marquent la place des crocs sur le plastron clair. Comment ne pas entrer dans une grande colère, qui m'a fait plus de mal qu'à lui ? Et nous n'osons plus nous regarder.

Le couple de perruches qui reste indemne essaie de consoler la veuve ; elles l'entourent, l'escortent partout, la serrent de près toute tremblante ; lui font sa toilette et la baisent, prenant sa petite tête entre les leurs, câlinement, comme pour la soutenir ou lui faire oublier l'absent.

De l'assassin cependant, d'un assassin je suis l'ami et, comme s'il éprouvait que tout est changé, parce qu'il s'est démasqué et moi aussi, le voilà timide, en proie à une sorte de honte qui altère, qui gâte la simplicité de nos rapports. Ainsi, il n'était pas capable de tous les renoncements avec moi, ni moi de toutes les complaisances avec lui. Il connaît le remords, moi le reproche. Nous ne sommes plus en paradis.

Animaleries, 1961

Psyche

L'hypocrite de religion

Hippolyte Taine

Le chat est l'hypocrite de religion, comme le renard est l'hypocrite de cour. Il est « velouté, marqueté, longue queue, une humble contenance, un modeste regard, et pourtant l'œil luisant ». Tout le monde reconnaît le maintien dévot de la prudente bête. Elle marche pieusement, posant avec précaution le pied sans faire bruit, les yeux demi-fermés, observant tout sans avoir l'air de rien regarder. On dirait Tartufe portant des reliques. Si vous vous asseyez, elle vient tourner autour de vous, d'un mouvement souple et mesuré, avec un petit grondement flatteur, sans rien demander ouvertement comme le chien, mais d'un air à la fois patelin et réservé. Sitôt qu'elle tient le morceau, elle s'en va, elle n'a plus besoin de vous.

Mais jamais « ce doucet » n'a l'air meilleure personne que lorsqu'il a gagné de l'âge et de l'embonpoint. Il se tient alors pendant tout le jour au soleil ou près du feu, enveloppé dans « sa majesté fourrée », sans s'émouvoir de rien, grave, et de temps en temps passant la patte sur sa moustache avec la mine sérieuse d'un penseur. Vous le prendriez pour un docteur allemand, le plus inoffensif et le plus bienveillant des hommes, si quelquefois ses lèvres, qui se relèvent, ne laissaient voir deux rangées blanches de dents aiguës comme une scie, et le menton fuyant du plus déterminé menteur. Aussi, quoi qu'il fasse, il est toujours composé, maître de soi. Il n'avance la patte qu'avec réflexion ; il ne la pose qu'en essayant le chemin ; il ne hasarde jamais « sa sage et discrète personne ».

***La Fontaine et ses fables*, 1853**

五拾三次之内猫之怪
一鵬斎芳藤画

Je suis le diable

Colette

Je suis le diable. Le diable. Personne n'en doit douter. Il n'y a qu'à me voir, d'ailleurs. Regardez-moi, si vous l'osez ! Noir, – d'un noir roussi par les feux de la géhenne. Les yeux vert poison, veinés de brun, comme la fleur de la jusquiame. J'ai des cornes de poils blancs, raides, qui fusent hors de mes oreilles, et des griffes, des griffes, des griffes. Combien de griffes ? Je ne sais pas. Cent mille, peut-être. J'ai une queue plantée de travers, maigre, mobile, impérieuse, expressive, – pour tout dire, diabolique.

Je suis le diable, et non un simple chat. Je ne grandis pas. L'écureuil, dans sa cage ronde, est plus gros que moi. Je mange comme quatre, comme six, – je n'engraisse pas.

J'ai surgi, en mai, de la lande fleurie d'œillets sauvages et d'orchis mordorés. J'ai paru au jour, sous l'apparence bénigne d'un chaton de deux mois. Bonnes gens ! vous m'avez recueilli, sans savoir que vous hébergiez le dernier démon de cette Bretagne ensorcelée. « Gnome », « Poulpiquet », « Korrigaret », « Korrigan », c'est ainsi qu'il fallait me nommer, et non « Poum » ! Cependant, j'accepte pour mien ce nom parmi les hommes, parce qu'il me sied.

« Poum ! » le temps d'une explosion, et je suis là, jailli vous ne savez d'où. « Poum ! » j'ai cassé, d'un bond exprès maladroit, le vase de Chine, et « Poum ! » me voilà collé, comme une pieuvre noire, au museau blanc du lévrier, qui crie avec une voix de femme battue…

« Poum ! » parmi les tendres bégonias prêts à fleurir, et qui ne fleuriront plus… « Poum ! » au beau milieu du nid de pinsons, qui pépiaient, confiants, à la fourche du sureau… « Poum ! » dans la jatte de lait, dans l'aquarium de la grenouille, et « Poum ! » enfin, sur l'un de vous.

La Paix chez les bêtes, 1916

Le réveil de Blondine

Comtesse de Ségur

Blondine dormit toute la nuit ; aucune bête féroce ne vint troubler son sommeil ; le froid ne se fit pas sentir ; elle se réveilla le lendemain assez tard ; elle se frotta les yeux, très surprise de se voir entourée d'arbres, au lieu de se trouver dans sa chambre et dans son lit. Elle appela sa bonne ; un miaulement doux lui répondit ; étonnée et presque effrayée, elle regarda à terre et vit à ses pieds un magnifique chat blanc qui la regardait avec douceur et qui miaulait.

« Ah ! Beau-Minon, que tu es joli ! s'écria Blondine en passant la main sur ses beaux poils, blancs comme la neige. Je suis bien contente de te voir, Beau-Minon, car tu me mèneras à ta maison. Mais j'ai bien faim, et je n'aurais pas la force de marcher avant d'avoir mangé. »

A peine eut-elle achevé ces paroles, que Beau-Minon miaula encore et lui montra avec sa petite patte un paquet posé près d'elle et qui était enveloppé dans un linge fin et blanc. Elle ouvrit le paquet et y trouva des tartines de beurre ; elle mordit dans une des tartines, la trouva délicieuse, et en donna quelques morceaux à Beau-Minon, qui eut l'air de les croquer avec délices.

« Histoire de Blondine, de Bonne-Biche et de Beau-Minon », ***Nouveaux contes de fée,*** **1856**

L'impitoyable patience du chat

Champfleury

Le chat a aperçu, dans un appartement, un trou de souris : il va le flairer de près pour se rendre compte si une odeur y est attachée qui dénote la présence du rongeur. Le trou est-il habité, le chat ne s'en inquiète pas pendant le jour ; il attendra la nuit, accroupi à quelques pas, sans faire un mouvement. Une nuit entière peut se passer sans résultats, l'animal ne perd pas patience ; seulement il opère dans tout l'appartement une perquisition qui ferait honneur à un juge d'instruction. La tanière de la souris peut avoir diverses sorties. Elles sont d'habitude étroites, placées dans les coins de l'appartement, aux endroits obscurs, sous les meubles.

Le chat n'a pas trouvé d'autres sorties de la caverne de ses ennemis. Pendant plusieurs nuits il se tient immobile près du trou, et quand le rongeur passe sa tête au-dehors avant de s'engager dans la chambre, c'est comme un coup de massue qu'il reçoit sur le crâne, qui le livre étourdi à des griffes sans pitié.

***Les Chats, mœurs, observations, anecdotes*, 1869**

Le chat d'Alice

Lewis Caroll

Alice attendit encore un peu dans l'espoir de le voir réapparaître, mais non. Au bout d'une ou deux minutes, elle s'en alla dans la direction où, semblait-il, habitait le Lièvre de Mars.

« J'ai déjà vu des chapeliers, se dit-elle. Le Lièvre de Mars sera beaucoup plus intéressant, et, comme nous sommes en mai, peut-être qu'il ne sera pas aussi fou que ça… du moins pas aussi fou qu'en mars. »

Comme elle levait les yeux en prononçant ces mots, elle vit à nouveau le Chat, installé sur une branche.

— Vous avez dit « cochon » ou « pochetron » ? demanda-t-il.

— J'ai dit « cochon », répondit Alice, et je voudrais bien que vous ne soyez pas tout le temps en train d'apparaître et de disparaître brusquement ; ça me fait tourner la tête.

— D'accord, dit le Chat.

Et, cette fois, il disparut très lentement, en commençant par le bout de la queue jusqu'au sourire, qui resta en place un bon bout de temps après que le reste fut effacé.

« Ma parole! pensa Alice, j'ai souvent vu un chat sans sourire, mais jamais un sourire sans chat… C'est la chose la plus curieuse qui me soit arrivée de ma vie! »

***Alice au pays des merveilles*, 1865**

Une scène d'une indescriptible horreur

Charles Buet

Il salua gravement l'assemblée puis donna le signal.

Ce fut aussitôt un formidable concert de miaulements et par des chatières habilement ménagées, des quantités de chats apparurent, colletés de velours rouge, quelques-uns parés de rubans, d'autres de chaînettes d'acier, les plus petits avec des colliers à grelots. Et toute cette bande féline, rangée en bon ordre, vint saluer aussi les spectateurs.

Alors commença la pantomime par une série de sauts, exécutés avec la prodigieuse souplesse de ces animaux ; puis ce furent des exercices gymnastiques, des bonds à travers des cerceaux couverts de papier rose ; un simulacre de bataille au milieu d'un déluge de fusées et d'artifices enflammés.

Peu à peu, cependant, les chats, surexcités par les cris, par le bruit des rires, par les applaudissements, par ces feux verts, ces braises grésillantes, ces files de chandelles qui flambaient aux lustres et sur des ifs ; les chats, affolés par la musique, mugissements de grosse caisse, sifflements de hautbois, roucoulements des flûtes, tonnerre grave de trombone ; les chats, irrités par l'odeur de la valériane qui imprégnait les habits du dompteur ; les chats enragés par toutes ces choses anormales qui tout à coup troublaient leur quiétude charmante de chats silencieux, paresseux, voluptueux ; les chats furent tous pris d'une subite frénésie. Ils se retirèrent d'abord tous dans un coin de la cage, et se tapirent là, dos contre dos, ronronnant, soufflant, léchant leurs babines, aiguisant leurs griffes sur le plancher de sapin. Pierrot les appela. Aucun ne remua. Il les appela encore ; ils miaulèrent,

mais sans bouger. Alors, il se baissa, en prit un par la peau du cou et le cingla de sa cravache. Alors, ce chat furibond se débattit et planta ses griffes dans la main qui l'enclavait. Le sang coula.

Ce fut aussitôt et sans transition une scène d'une indescriptible horreur. Toute cette masse hurlante de félins se rua sur Pierrot. D'un bond, le plus gros, noir, des yeux en escarboucles, sauta à sa gorge ; deux se perchèrent sur ses épaules ; d'autres l'attaquèrent à la poitrine ; d'autres par-derrière ; les plus lâches le mordaient aux jambes. En un clin d'œil ses habits volèrent en lambeaux ; sa peau délicate apparut toute blanche, puis toute rouge, zébrée d'égratignures d'où le sang jaillissait.

« Le dompteur de chats », *Contes moqueurs*, 1885

Le chat sorcier

Maurice Dubard

O-Toyo, rayonnante de bonheur, vient à peine de terminer sa toilette de nuit, quand un chat immense saute à l'improviste par la fenêtre, et se précipite sur elle avec une rage inouïe. La malheureuse jeune fille éperdue tombe à la renverse ; elle veut appeler au secours, mais sa voix expire sur ses lèvres.

L'animal féroce tient sa victime sous sa griffe sanglante ; son œil roux scintille, se dilate de plaisir ; sa double queue bat l'air de secousses capricieuses ; son poil noir se dresse, ondule, se hérisse ; tout à coup, de sa patte velue il découvre une gorge blanche et ronde ; la perfection de la créature n'arrête pas la brute, infernale ; sa dent cruelle s'enfonce dans ces chairs frémissantes ; le sang coule à flots ; la belle O-Toyo se roule dans les convulsions de l'agonie, et bientôt expire au milieu de souffrances atroces.

Le chat sorcier entraîne alors le cadavre de la jeune fille, l'enterre dans un coin du parc, recouvre la fosse de gazon, et, en moins de temps qu'il n'en faut pour le raconter, revient dans le sanctuaire des amours de la favorite.

Au moment où il fait son entrée par le toit, le prince ouvre discrètement la porte ; le chat, entendant du bruit, change subitement de forme et revêt les apparences de sa victime.

***Le Japon pittoresque*, 1879**

風俗三十二相
うるささう
寛政年間處女之風俗

Haïku

Paul Claudel

Accroupi
près
du
bocal

Monsieur Chat
les yeux à demi fermés
dit
:
Je n'aime pas
le poisson

***Cent phrases pour éventails*, 1942**

Chats, djinns et baracy

Emile Prisse d'Avennes

Les Arabes ont d'autres motifs de respecter les chats et d'épargner leur vie. Ils croient généralement que les Djinns prennent cette forme pour hanter les maisons, et racontent gravement à ce sujet des histoires extravagantes, dignes des *Mille et Une Nuits*. Les habitants de la Thébaïde sont plus superstitieux encore, et leur imagination poétise à leur insu le sommeil léthargique de la catalepsie. Ils prétendent que lorsqu'une femme met au monde deux jumeaux, garçons ou filles, le dernier-né qu'ils appellent *baracy* et quelquefois tous les deux éprouvent, pendant un certain temps et souvent toute leur vie, d'irrésistibles envies de certains mets, et que, pour satisfaire leur gourmandise plus facilement, ils prennent souvent la forme de divers animaux et en particulier du chat. Pendant cette transmigration de l'âme dans un autre corps, l'être humain reste inanimé comme un cadavre ; mais dès que l'âme a satisfait ses désirs, elle revient vivifier sa forme habituelle. – Ayant un jour tué un chat qui faisait maints ravages dans ma cuisine à Louqsor, un droguiste du voisinage vint, tout effrayé, et me raconta que sa fille, ayant le malheur d'être *baracy*, adoptait souvent la forme d'une chatte pour manger ma desserte.

Revue orientale et algérienne

Chat persan fan de chanteur de charme

Elian-J. Finbert

Ce chanteur de charme, vedette de la radio et du disque, avait un chat persan d'une extrême sensibilité. L'animal était attaché à la voix plus qu'à la personne de son maître. Cette voix, grave et veloutée, exerçait sur lui un pouvoir de fascination qui le faisait accourir d'aussi loin qu'il se trouvait, pour rester accroupi, immobile.

Il la reconnaissait parmi d'autres voix, plus particulièrement à la radio, car dès qu'il l'entendait dans l'appareil, le chat se levait, s'approchait, oreilles braquées, tournant de tous côtés pour mieux capter la voix admirable.

Lorsque son maître s'absentait dans des tournées à l'étranger, le chat perdait son enjouement et sa vivacité, traînait d'une pièce à l'autre une véritable nostalgie d'amoureux, s'arrêtait parfois devant le meuble du poste radiophonique comme s'il espérait qu'allait en jaillir la voix.

Afin de le consoler de cette absence qui l'attristait, la femme du chanteur trouva un moyen ingénieux ; elle faisait tourner sur le pick-up des disques où était enregistrée la voix de son mari et le chat abandonnait alors sa mélancolie.

***Les Plus Belles Histoires de chat*, 1958**

L'horloge

Charles Baudelaire

Les Chinois voient l'heure dans l'œil des chats.

Un jour un missionnaire, se promenant dans la banlieue de Nankin, s'aperçut qu'il avait oublié sa montre, et demanda à un petit garçon quelle heure il était.

Le gamin du céleste Empire hésita d'abord ; puis, se ravisant, il répondit : « Je vais vous le dire. » Peu d'instants après, il reparut, tenant dans ses bras un fort gros chat, et le regardant, comme on dit, dans le blanc des yeux, il affirma sans hésiter : « Il n'est pas encore tout à fait midi. » Ce qui était vrai.

Pour moi, si je me penche vers la belle Féline, la si bien nommée, qui est à la fois l'honneur de son sexe, l'orgueil de mon cœur et le parfum de mon esprit, que ce soit la nuit, que ce soit le jour, dans la pleine lumière ou dans l'ombre opaque, au fond de ses yeux adorables je vois toujours l'heure distinctement, toujours la même, une heure vaste, solennelle, grande comme l'espace, sans divisions de minutes ni de secondes, — une heure immobile qui n'est pas marquée sur les horloges, et cependant légère comme un soupir, rapide comme un coup d'œil.

Et si quelque importun venait me déranger pendant que mon regard repose sur ce délicieux cadran, si quelque Génie malhonnête et intolérant, quelque Démon du contre-temps venait me dire : « Que regardes-tu là avec tant de soin ? Que cherches-tu dans les yeux de cet être ? Y vois-tu l'heure, mortel prodigue et fainéant ? » je répondrais sans hésiter : « Oui, je vois l'heure ; il est l'Éternité ! »

N'est-ce pas, madame, que voici un madrigal vraiment méritoire, et aussi emphatique que vous-même ? En vérité, j'ai eu tant de plaisir à broder cette prétentieuse galanterie, que je ne vous demanderai rien en échange.

Petits poèmes en prose, 1869

Heures douces et complices

Piroli et les canards de Barbarie
Minos dans ma salle de bains
La ferveur de l'amour
Une merveille de la création
Le chat, la marmite et le vieillard
Hamilcar et « l'homme aux bouquins »
André et Boo
La chatte que nous avons eue ensemble
L'éléphant et le chat
L'affection des bêtes
Cette chère Lolotte
L'idole secrète de l'appartement
Le compagnon idéal du chat
Le chat des Aubignettes
Un chat papal

Piroli et les canards de Barbarie

François Tassard

Un matin, on apporta de chez Mme Valois deux canards de Barbarie, tout bleus. Mon maître prévenu vint lui- même les mettre à la mare, et tout de suite, très gentiment, ils se mirent à nager, et plongèrent trois ou quatre fois de suite, puis se secouèrent, en battant des ailes. Ils semblaient tout joyeux, et avaient l'air de se dire que cette petite mare leur plaisait beaucoup, et avait sans doute été faite spécialement pour eux, si petits... Mon maître remit un pourboire au porteur et se retira en constatant que les canards ne cherchaient pas à s'échapper, qu'ils seraient donc vite habitués... Après le déjeuner, je leur portai à manger une bonne pâtée. Mon maître vint assister au repas : « Sont-ils beaux ! s'écria- t-il ; quel joli plumage ! Vous leur donnerez toujours plus que le nécessaire, sans quoi ils mangeraient le pain que je donne aux poissons. »

Piroli ne quittait pas son maître, mais à la vue des canards, elle alla se blottir sous les fusains qui entouraient la mare, remuant la queue et roulant de grands yeux, se demandant sans doute ce que pouvait bien être ce genre de bêtes qu'elle n'avait pas encore vues ; du reste, elle se familiarisa très vite et ne tarda pas à vouloir jouer avec les petits canards ; comme à son approche ils se sauvaient, elle devint très brave, fit même quelques tentatives pour les atteindre, mais lorsqu'elle sentit ses pattes se mouiller, elle y renonça. Alors, mon maître lui dit : « J'espère, mademoiselle Piroli, que vous n'allez pas prendre ces petits Barbarie pour de gros oiseaux et leur faire des misères. Ah ! Mais non, car je me fâcherais ! » Puis il la prit dans ses bras, et, en quelques jours, elle comprit que ces petites boules bleues faisaient partie de la maison.

***Souvenirs sur Guy de Maupassant par François son valet de chambre*, 1911**

Minos dans ma salle de bains

Marcel Jouhandeau

Très curieux de tout ce qui est machine, mécanisme, Minos dès que j'ouvre la porte de la salle de bains, s'y glisse avec moi et, comme s'il avait soif, il descend dans la baignoire vide, les yeux fixés sur la manette. Il attend que je la touche et qu'aussitôt l'eau afflue en gazouillant ; quelle énigme pour lui que tous ces ressorts et leur obéissance si contraire à sa propre conduite ! L'eau arrive-t-elle en effet à mon appel, il la regarde, étonné, dans un mouvement de recul et ses yeux se reportent sur la manette et se retournent vers moi, comme s'il était bien plus curieux de constater le rapport de cause à effet que de boire...

Hier je prenais mon bain sans songer à lui ; tout d'un coup il aperçoit ma tête qui émerge de la baignoire et comme il ne s'éloigne jamais beaucoup de mes mains ni de mes genoux quand je suis à la maison, rien ne l'arrête, il veut, déjà perché sur le rebord glissant, me rejoindre. La fumée qui monte vers lui ne lui dit rien de bon, l'inquiète, précautionneux, il ne s'élance pas, va s'assurer d'abord qu'il n'y a pas d'obstacles, une vitre par exemple, ni de danger de se brûler, et Minos de s'agripper, et il tend une de ses pattes à travers le nuage ; mouillé, il la retire aussitôt, en m'aspergeant, comme à la grand-messe, avant une fuite éperdue vers ma couverture, où il s'ébroue en se séchant.

***Animaux familiers*, 1947**

La ferveur de l'amour

Maurice Genevoix

Le pacte est clair comme les yeux de Clémence : une fois pour toutes et pour toujours, elle est serve. Rroû dispose d'elle à son caprice, lui donne ses ordres d'un miaulement bref, d'un simple geste ou par sa seule présence.

Souvent même il n'a pas besoin d'intervenir personnellement. Ainsi les tintements des cloches qui sonnent l'angélus de midi avertissent Clémence de tenir prêt le déjeuner. Depuis le cœur du marronnier ou sur le faîte du mur aux chats, Rroû l'entend qui verse le lait, prend et reprend le bol, parfait pour son régal une velouteuse et nouvelle mitonnée. Il lutte exprès contre son désir, écoute le grésillement du beurre qui pétille dans la poêle, hume à fond d'estomac les odeurs de la cuisine. Et, quand la salive noie sa langue, que vraiment il n'y peut plus tenir, il saute en bas et se jette sur le bol.

Quelle cuisinière, cette Clémence ! Et comme on a plaisir à lui octroyer compliment ! Sans pour cela perdre une lampée : de la queue seulement, balancée en molles inflexions, et du ronronnement d'aise qui monte vers le visage penché. Car elle reste debout sur la porte aussi longtemps que Rroû déjeune. Lorsque, le bol nettoyé à plate langue, il relève enfin la tête, il est sûr de revoir Clémence courbée sur lui de tout son buste, et ses yeux heureux qui sourient. Leurs regards se rencontrent, et celui de Clémence s'illumine davantage. Elle s'accroupit, promène sa main à travers le pelage ténébreux. Et elle questionne, elle s'inquiète humblement :

– C'était bon ? Tu n'as plus faim, mon petit Rroû ?

Il n'a plus faim, mais il accepte encore une gorgée de lait crémeux, l'avant-dernière, puis la presque dernière. Aussi longtemps qu'il voudrait laper, Clémence laisserait couler la source blanche qui sort de la casserole. C'est lui qui cesse le premier, et qui s'éloigne un peu pour montrer qu'il en a assez, que c'est fini. A présent il est doux de s'étendre sur le sable et d'allonger son corps pour mieux s'offrir à la main de Clémence.

Rroû, 1931

LA PARESSE

Une merveille de la création

Renée Massip

Je me savais aimée d'Agate plus qu'aucun autre chat de ma vie. Etre préférée par un animal quasi sauvage, ce n'est pas rien. Elle venait chercher sa viande, bien sûr, mais aussi ma présence. L'assiette vide, elle allait vers ma chambre en cardant le dessus de lit d'une patte consciencieuse et lente, accomplissant ainsi je ne sais quel mystérieux rite félin, elle se disposait à la sieste. Ce faisant, elle me disposait au travail. Rien de tel qu'une toute petite responsabilité, même celle de rassurer par sa présence un chat endormi, pour prédisposer aux meilleures choses. J'écrivais. Agate dormait, la grosse Berthe faisait sa sieste et Joseph passerait l'après-midi chez le charron devant l'étalage des pièces détachées du motoculteur. Le parc vide, l'horizon lointain calme et doux, la sirène de 14 heures ayant fait ronfler et pétarader mon chemin vers les champs, l'usine avait vidé le village. Quelquefois il arrivait qu'à cette heure une poule de la grosse Berthe se mît à pondre et poussât des gloussements de gloire. Quelle paix, mon Dieu, quelle paix. Cet instant plein de rien, j'aurais voulu l'éterniser.

Le meilleur moyen d'éterniser l'instant, ce n'est pas d'écrire des choses auxquelles il est étranger, c'est de dessiner ou de peindre. Combien de fois avais-je dessiné Agate endormie. Elle ne se souciait pas de ma présence. Il me semblait qu'un chat était la merveille de la création, même Agate avec ses disgrâces. J'oubliais alors que j'avais une existence ailleurs, avec ses obligations, ses lois. Ici venue sous un prétexte dont la valeur était reconnue, ici venue pour travailler dans le recueillement, la paix, devant l'horizon que j'ai dit et les nappes d'heures aussi vastes que les champs de la plaine, je vivais bien. Travaillais-je bien ? L'avenir le dirait. L'été m'habitait corps et esprit. Je rendais grâce.

***Le Chat de Briarres*, 1961**

Le chat, la marmite et le vieillard

Théophile Gautier

La marmite bouillait toujours, et le chat restait immobile à son poste, comme une sentinelle qu'on a oublié de relever. Enfin un pas se fit entendre, pas lourd et pesant, celui d'une personne âgée ; une petite toux préalable résonna, le loquet de la porte grinça, et un bonhomme, moitié paysan, moitié domestique, fit son entrée dans la cuisine.

A l'apparition du nouveau venu, le chat noir, qui semblait lié de longue date avec lui, quitta les cendres de l'âtre et se vint frotter amicalement contre ses jambes, arquant le dos, ouvrant et refermant ses griffes, en faisant sortir de sa gorge ce murmure enroué qui est le plus haut signe de satisfaction chez la race féline.

« Bien, bien, Béelzébuth, dit le vieillard en se courbant pour passer à deux ou trois reprises sa main calleuse sur le dos pelé du chat, afin de n'être pas en reste de politesse avec un animal ; je sais que tu m'aimes, et nous sommes assez seuls ici, mon pauvre maître et moi, pour n'être pas insensibles aux caresses d'une bête dénuée d'âme, mais qui pourtant semble vous comprendre. »

Ces mutuelles politesses achevées, le chat se mit à marcher devant l'homme en le guidant du côté de la cheminée, comme pour lui remettre la direction de la marmite qu'il regardait d'un air de convoitise famélique le plus attendrissant du monde, car Béelzébuth commençait à vieillir, il avait l'oreille moins fine, l'œil moins perçant, la patte moins leste qu'autrefois, et les ressources que lui offrait jadis la chasse aux oiseaux et aux souris diminuaient sensiblement ; aussi ne quittait-il pas de la prunelle ce ragoût dont il espérait avoir sa part et qui lui faisait se pourlécher les babines par anticipation.

Le Capitaine Fracasse, 1863

Hamilcar et « l'homme aux bouquins »

Anatole France

J'avais chaussé mes pantoufles et endossé ma robe de chambre. J'essuyai une larme dont la bise qui soufflait sur le quai avait obscurci ma vue. Un feu clair flambait dans la cheminée de mon cabinet de travail. Des cristaux de glace, en forme de feuilles de fougère, fleurissaient les vitres des fenêtres et me cachaient la Seine, ses ponts et le Louvre des Valois.

J'approchai du foyer mon fauteuil et ma table volante, et je pris au feu la place qu'Hamilcar daignait me laisser. Hamilcar, à la tête des chenets, sur un coussin de plume, était couché en rond, le nez entre ses pattes. Un souffle égal soulevait sa fourrure épaisse et légère. A mon approche, il coula doucement ses prunelles d'agate entre ses paupières mi-closes qu'il referma presque aussitôt, en songeant : « Ce n'est rien, c'est mon ami. »

— Hamilcar ! lui dis-je, en allongeant les jambes, Hamilcar, prince somnolent de la cité des livres, gardien nocturne ! Pareil au chat divin qui combattit les impies dans Héliopolis, pendant la nuit du grand combat, tu défends contre de vils rongeurs les manuscrits et les imprimés que le vieux savant acquit au prix d'un modique pécule et d'un zèle infatigable. Dans cette bibliothèque, que protègent tes vertus militaires, Hamilcar, dors avec la mollesse d'une sultane. Car tu réunis en ta personne l'aspect formidable d'un guerrier tartare à la grâce appesantie d'une femme d'Orient. Héroïque et voluptueux Hamilcar, dors en attendant l'heure où les souris danseront, au clair de la lune, devant les *Acta sanctorum* des doctes Bollandistes.

Le commencement de ce discours plut à Hamilcar, qui l'accompagna d'un bruit de gorge pareil au chant d'une bouilloire. Mais, ma voix s'étant élevée, Hamilcar m'avertit, en abaissant les oreilles et en plissant la peau zébrée de son front, qu'il était malséant de déclamer ainsi.

— Cet homme aux bouquins, songeait évidemment Hamilcar, parle pour ne rien dire, tandis que notre gouvernante ne prononce jamais que des paroles pleines de sens, pleines de choses, contenant soit l'annonce d'un repas, soit la promesse d'une fessée. On sait ce qu'elle dit. Mais ce vieillard assemble des sons qui ne signifient rien.

Ainsi pensait Hamilcar.

Le Crime de Sylvestre Bonnard, 1881

MARK
PUNK PUSSY

André et Boo

André Lichtenberger

Avec un grand geste de colère, je fonds sur lui. Bien campé sur sa chaise, il m'attend, la patte levée. Il me menace. Nous avons pleine confiance tous deux. Il n'aura pas de tape. Je ne serai pas égratigné. Mais nous nous défions avec des attitudes de guignol. Et peu à peu il s'excite. Sa queue a des battements nerveux. Ses griffes sortent un peu de leur gaine. Je l'avertis d'un ton sévère : « Boo ! » Il me regarde de travers, a un petit miaulement de convoitise et puis dégringole à toute vitesse pour ne pas succomber à la tentation.

« Histoire de Boo, mon chat », *Les Contes de Minnie*, 1907

La chatte que nous avons eue ensemble

Maurice Goudeket

Deux bêtes ont été mêlées à notre vie, la chienne bull Souci, et la Chatte. J'emploie à dessein le mot « mêlées » qui n'étonnera pas les personnes, nombreuses, qui considèrent les bêtes autrement que comme des objets d'ornement ou d'utilité.

Les bêtes peuvent être, dans un ménage, comme les enfants, un prétexte à discorde, aussi bien qu'un trait d'union. J'avoue que les chiens me laissent assez froid. Je les traite bien, je suis « poli » avec eux, mais ils n'occupent pas mon cœur. Leur aboiement – surtout pour les chiens des autres – m'irrite au plus haut degré, et je ne comprends rien à leurs histoires de pattes levées et de derrières flairés. J'éprouve, par contre, pour la gent féline, un attendrissement sans bornes. De sorte que si je n'ai jamais considéré Souci autrement que comme la chienne de Colette, nous avons eu la Chatte en commun. Il m'arrivait même de dire : « La Chatte que nous avons eue ensemble. »

Colette, peu encline aux hiérarchies pour les humains, donnait le pas au chat sur le chien. Le chien n'a que des amis, le chat a des ennemis, qui presque tous éprouvent pour lui une aversion physique, et des fanatiques. Il est inutile de s'étendre sur ses mérites, puisque rien ne saurait convaincre les premiers, et que les autres ont leur siège fait depuis longtemps.

Colette se faisait entendre de ses bêtes parfaitement. Sans jamais élever la voix, elle obtenait d'elles ce qui parfois était le plus contraire à leur nature. Ayant dit à la Chatte d'une certaine façon : « Chatte, une fois pour toutes, il est défendu de toucher aux pinsons », la Chatte tressaillit et se coucha, pattes rentrées, contente désormais de contempler rêveusement les pinsons, en fermant les yeux de temps en temps pour mieux résister au vertige de la tentation.

La chienne Souci, petite bull française, était noire et blanche, yeux pochés, truffe noire. De nature assez menteuse, elle mentait mal. Il suffisait que Colette lui dise : « J'entends ce que vous pensez » pour que la chienne avouât, baissât la tête, et se retirât sur le petit fauteuil-crapaud qui lui était dévolu. D'autres fois, ayant quelque mauvais dessein, elle se prenait à boiter, ce qui la trahissait incontinent.

Colette disait vous à ses bêtes, leur parlait français et non pas susucre.

***Près de Colette,* 1956**

L'éléphant et le chat

Mark Twain

Le joyeux compère du gigantesque éléphant était une vulgaire chatte de gouttière ! Elle avait la manie de grimper les long des pattes de derrière du pachyderme et de se percher sur son dos. Elle s'installait là-haut, le bout de ses pattes ramassé sous la poitrine, et roupillait au soleil la moitié de l'après-midi. Au début, l'éléphant s'en agaçait et la chassait, mais la chatte recommençait son manège et reprenait aussitôt sa place. A force, elle finit par vaincre l'aversion de l'énorme bête et aujourd'hui, ce sont les meilleurs amis du monde. La chatte gambade entre les pattes et la trompe de son camarade, et si des chiens viennent à s'approcher, elle s'empresse de se réfugier à l'abri là-haut. L'éléphant avait déjà écrabouillé plusieurs chiens qui avaient serré d'un peu trop près sa copine.

Le Voyage des innocents, 1869

H. Rousseau

L'affection des bêtes

Pierre Loti

A présent, il va s'endormir le chat, et rêver, sur cette table où j'écris ; le plus près de moi possible, il s'installe non sans avoir deux ou trois fois allongé la patte, en me regardant, pour implorer la permission de descendre sur mes genoux. Et il se couche, la tête tendrement appuyée sur mon bras avec un air de dire : « Puisque tu ne veux pas de moi tout à fait, souffre au moins cela, qui ne te gêne guère. »

Quel mystère que l'*affection* des bêtes ! Tout ce que cela dénote d'élevé, de supérieur, dans leurs âmes si inconnues.

Et comme je comprends Mahomet, au chant du Muezzin qui l'appelait à la prière, coupant avec des ciseaux le coin de son burnous avant de se lever, par crainte de déranger son chat qui s'était installé dessus pour dormir.

***Reflets sur la sombre route*, 1899**

Cette chère
Lolotte

Paul Léautaud

Lolotte faisait partie du groupe de mes plus anciens chats : Mme Minne, Riquet, Bibi, Laurent, Pitou, Perrinette, êtres délicieux, charmants, pour qui je suis tout au monde, qui m'attendent chaque soir quand j'arrive, qui me couvrent de caresses, me prodiguent leur conversation, et, qu'il fasse dehors le plus beau temps du monde, ne quittent pas la pièce dans laquelle je me trouve, posés l'un sur ma table de travail, l'autre sur mes genoux, l'autre sur un fauteuil voisin, l'autre encore sur une pile de livres, l'autre encore dans la corbeille à papiers, pendant que quelques-uns de leurs nombreux camarades vont et viennent, font un tour, s'amusent, jettent un coup d'œil et redescendent au rez-de-chaussée tenir compagnie à leur bonne ou flâner dans le jardin.

Passe-temps, 1928

L'idole secrète de l'appartement

Georges Docquois

M. Stéphane Mallarmé, la pipe à la bouche, me parle, d'une voix légère, un peu câline, et qui, de temps en temps, se bémolise d'ironie – mais vaguement, oh ! combien !

– Les chats ? commence-t-il. En un poème en prose, je les appelai : seigneurs des toits. C'est peu, et tout mon sentiment sur eux, certes, ne tient pas dans cette épithète. Je les ai toujours contemplés avec curiosité. Ils ont eu beaucoup de mon attention. Je dois dire que je les ai vus, selon les époques, très différemment. Le chat fut d'abord, pour moi, l'idole secrète de l'appartement. Un chat, trônant sur un meuble, avec la double émeraude de ses yeux, je considérai cela comme le dernier bibelot, le couronnement suprême. Je fus fervent. Puis, mon enthousiasme tomba peu à peu. A force de contempler le chat, je le trouvai moins raréfié. Je lui vis le ventre du lapin… Grace à Lilith, cependant, cette dépréciation de l'espèce n'a pas persisté en moi. Je me rends bien compte – eh ! oui – que Lilith n'est pas une panthère noire et qu'on en peut faire une gibelotte ; mais j'estime, d'autre part, que, mise à sa place, à l'heure convenable, cette bête n'est pas sans mérite.

***Bêtes et gens de lettres*, 1895**

Le compagnon idéal du chat

Howard Philips Lovecraft

Le chat ne convient pas au petit employé affairé et suffisant chargé de responsabilités, mais plutôt au poète rêveur et éclairé qui a compris que rien en ce bas monde ne vaut réellement la peine qu'on s'en soucie. Le dilettante – l'amateur, ou, si l'on préfère, le décadent –, il est vrai à une époque plus saine que la nôtre, était investi d'une mission, ce qui explique qu'il fut le bâtisseur et le meneur de ces temps idolâtres et héroïques. Le chat est fait pour lui, pour celui qui œuvre non par un sens dérisoire du devoir mais pour le pouvoir, le plaisir, la munificence, l'amour, le prestige – pour le harpiste solitaire qui chante au cœur de la nuit les batailles d'antan, pour le guerrier qui s'engage dans de tels combats pour la beauté, la gloire, le prestige et le lustre d'un pays épargné par la moindre faiblesse. Pour celui qui ne se laissera pas bercer par l'illusion du matérialisme et du rendement, mais exige pour son bien-être la tranquillité, la grâce, l'ascendant, l'esprit, qui seuls méritent l'effort. Pour celui qui sait que le jeu, et non le travail, la frivolité, et non l'effervescence, sont la grande affaire de l'existence ; et que se démener pour n'avoir le droit que de se démener plus encore est une ironie amère à laquelle l'homme civilisé se pliera aussi peu que possible.

***Des chiens et des chats*, 1926**

Le chat des Aubignettes

Henri Bosco

Le chat, m'a dit Agathe, est revenu. Il errait dans les escaliers aux Aubignettes. Elle l'a trouvé, ce matin, qui dormait sur mon paillasson. Il s'est laissé prendre, l'a suivie dans l'appartement, a rôdé partout, puis s'est plaint en la regardant d'un air si étrange qu'elle en a eu le cœur bouleversé.

– Alors, voyez-vous, monsieur Joachim, j'ai pris mon cabas, je l'ai mis dedans, il s'est laissé faire, et je vous l'apporte…

C'est ainsi que ce chat d'une si bizarre amitié est arrivé à « La tonnelle ».

Il s'y est installé avec aisance et il y a l'air très heureux. Il ne quitte guère la pièce où je vis, ne sort que rarement sur les terrasses et a choisi, pour son repos, les deux places privilégiées qu'aiment les chats, depuis qu'il existe des chats et des maisons : le feu et la fenêtre.

J'en suis ému. Le feu, c'est mon cœur, la fenêtre est un peu ma pensée d'hiver…

Il s'y dessine délicatement. Si discret qu'il soit dans son amitié, je la sens. Et quand je m'endors, je sais qu'il y a près de moi une créature qui vit, qui respectera mon sommeil, qui sera en secret présente dans mes songes, car ce sont là bêtes de songes, où elles entrent sans qu'on les entende…

Souvent, la nuit, je me réveille. J'ai besoin alors de savoir que la vie a continué sans moi, pendant mon sommeil.

Le feu brûle, ou du moins ses braises. Le chat est visible dans cette lueur. Et j'attends. Car je sais que dans un moment, j'entendrai l'horloge me donner une heure.

***L'Epervier*, 1963**

Un chat papal

François-René de Chateaubriand

J'ai pour compagnon un gros chat gris-roux à bandes noires transversales, né au Vatican dans la loge de Raphaël : Léon XII l'avait élevé dans un pan de sa robe où je l'avais vu avec envie lorsque le pontife me donnait mes audiences d'ambassadeur. Le successeur de saint Pierre étant mort, j'héritai du chat sans maître, comme je l'ai dit en racontant mon ambassade de Rome. On l'appelait *Micetto*, surnommé le chat du pape. Il jouit en cette qualité d'une extrême considération auprès des âmes pieuses. Je cherche à lui faire oublier l'exil, la chapelle Sixtine et le soleil de cette coupole de Michel-Ange sur laquelle il se promenait loin de la terre.

***Mémoires d'outre-tombe*, 1849**

Suzanne Valadon

Les pouvoirs magiques du chat

Lucio sauvé par Nitchevo
L'abbé dans son cercueil… sans oublier le chat
Le chat de Jean Foucault
Le chat libérateur de Mylord Cat
Le mousse et ses chats
Prettina, la chatte infirmière
Complicité féline
Tom Quartz, le chat directeur
La richesse à l'état pur
Le chat Pipo et la pie
Je fus sauvé par un chat
Le chat noir qui faisait sa soupe seul dans sa cuisine
Quand Piroli et sa fille Pussy soutiennent Guy
L'habileté de toujours retomber sur ses pattes
Le chat et les deux amants

Lucio sauvé par Nitchevo

Tennessee Williams

Chaque soir, Lucio lui apportait du lait pour son dîner et son petit déjeuner. Nitchevo attendait calmement, assise sur son train de derrière, tandis qu'il le versait dans la soucoupe ébréchée empruntée à la logeuse. Il la reposait par terre, devant le lit. Puis il se couchait sur le lit et attendait avec le plus grand intérêt que Nitchevo s'avance lentement vers la soucoupe bleu pâle. Elle le regardait parfois, doucement, de la lumière fixe de ses yeux jaunes, avant de commencer à boire, puis elle abaissait gracieusement son museau vers la soucoupe, allongeant le bout de sa langue de satin rouge, et la chambre s'emplissait du bruit doux de son lapement. Lucio la regardait et, en la regardant, il oubliait tous ses tracas. Les nœuds serrés de son angoisse se relâchaient. Il ne sentait plus dans son corps cette continuelle et vague tension. Son cœur prenait un rythme plus tranquille, le sommeil le gagnait tandis qu'il regardait sa chatte – un sommeil empreint d'une espèce de charme. La chatte grandissait sous ses yeux, tandis que les contours rétrécissaient ; il lui semblait les voir se rejoindre. Alors il devenait lui-même un chat semblable à Nitchevo. Il se couchait par terre à côté d'elle, lapant la même écuelle de lait, dans la chaleur réconfortante et sûre d'une chambre close où il n'y avait ni usine, ni contremaître, ni cette grosse femme blonde dont l'ample poitrine le hantait…

« Malédiction », *La Statue mutilée*, 1960

L'abbé dans son cercueil… …sans oublier le chat

Elian-J. Finbert

Au siècle dernier, un certain abbé qui vivait dans la compagnie d'un gros chat présenta subitement tous les signes d'une mort certaine. Les médecins déclarèrent qu'on n'avait plus qu'à procéder à l'inhumation.

Or, pendant les deux jours que dura la veille auprès du défunt, chacun avait pu remarquer que le chat de la maison s'était entêté à rester couché, comme il en avait l'habitude, sur les pieds de son maître. Cette obstination fut telle qu'au moment où l'on mit celui-ci en bière le fidèle animal n'eut rien de plus pressé que de pénétrer dans le cercueil pour s'installer encore dans sa posture coutumière.

Ceux qui ensevelirent le corps trouvèrent plaisant de récompenser l'opiniâtreté du fidèle animal en l'enfermant avec la dépouille de son maître. La bête se laissa clouer entre les planches.

La cérémonie religieuse achevée et alors qu'on se disposait à descendre le cercueil dans la fosse, les assistants, qui ignoraient tout de la plaisanterie entendirent des cris éclater dans la bière et beaucoup, terrorisés, prirent la fuite.

Les plus courageux se hâtèrent cependant de faire sauter le couvercle de la caisse mortuaire : un matou effaré s'en échappa et se sauva à grands bonds. Mais le mort lui-même se leva, drapé dans son suaire et prit lui aussi la course à travers champs !

On s'exclama, on suivit l'homme. Tout devint clair.

L'abbé n'était pas mort, mais tombé dans l'étrange torpeur d'une léthargie aiguë où le patient immobilisé, incapable de se mouvoir, perçoit tous les

bruits et se rend compte de ce qui se passe autour de lui.

Il avait parfaitement compris ce qui lui advenait et ne pouvait réagir contre le sort épouvantable qui lui était dévolu du fait de cette inhumation trop hâtivement ordonnée.

Cependant, prisonnier dans son cercueil, il avait lentement pris conscience d'une sensation de chaleur dans ses mains croisées sur sa poitrine. Cette chaleur lui permit de remuer les doigts. Il sentit quelque chose de velu et s'y cramponna de toutes les forces qui lui étaient rendues. Il avait saisi la queue de son chat, qui, mal à l'aise, avait rampé jusqu'à sa poitrine et l'avait ainsi réchauffé et sauvé, car, la queue pincée, la bête avait poussé des cris de douleur qui avaient pu heureusement être entendus.

***Les Plus Belles Histoires de chat*, 1958**

Le chat de Jean Foucault

Paul Sébillot

Jean Foucault s'en revenait par une belle nuit de la foire. Il était tout joyeux et marchait gaiement en chantant à tue-tête, lorsqu'il aperçut tout à coup une nombreuse réunion de chats rangés autour d'une croix de pierre. Il y en avait de toutes les grosseurs, et de toutes les couleurs ; à la vue de tous ces matous, la voix du chanteur s'étrangla dans son gosier, et il se mit à trembler comme un bonhomme qui a les fièvres, car les chats poussaient des miaulements irrités, voûtaient leur dos souple où le poil se hérissait, redressaient leur queue et le regardaient avec des yeux qui luisaient dans la nuit.

Sa terreur augmenta encore lorsqu'il vit le plus gros de la bande courir vers lui : il ferma les yeux, s'attendant à être mis en pièces, et récita son acte de contrition. Mais, au lieu de sentir les griffes du chat s'enfoncer dans sa chair, il s'aperçut que l'animal se frottait le long de ses jambes en faisant un ronron joyeux comme s'il avait eu envie d'être caressé. Jean Foucault ouvrit les yeux et reconnut son propre chat qui se mit à marcher devant lui, et qui tantôt le précédait, tantôt revenait vers lui et le caressait avec sa queue.

Jean Foucault arriva avec son conducteur à l'endroit où était l'assemblée, les matous étaient assis tranquillement, car le chat avait dit à haute voix à ses confrères : « Laissez passer Jean Foucault. »

« Le Sabbat », ***Contes populaires de la Haute-Bretagne,*** **1880**

Le chat libérateur de Mylord Cat

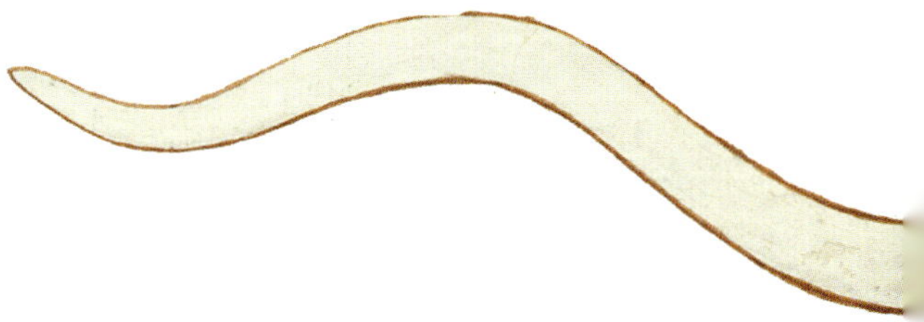

François-Augustin Paradis de Moncrif

Richard Whigtington, dans sa grande jeunesse, dépourvu de tous les biens de la fortune, mais né avec d'excellentes inclinations, voulut aller dans l'Inde chercher une plus heureuse destinée. Il se présenta comme passager pour s'embarquer. On lui demanda avec quels secours il comptait de vivre dans le trajet ; Il répondit qu'il n'avait pour toute richesse qu'un Chat, et le désir de se signaler. On fut touché de cette franchise noble avec laquelle il exposait sa situation. On le reçut lui et son chat, et le vaisseau fit voile. Comme ils étaient dans les mers de l'Inde, une tempête les surprit, et les fit échouer sur une côte, où bientôt les naturels du pays s'emparèrent de leur navire et de leurs personnes. Le jeune Anglais, portant son trésor entre ses bras, fut conduit comme les autres devant le Roi de ces peuples ; et tandis qu'ils étaient à son audience, ils aperçurent un nombre immense de Souris et de Rats, qui parcouraient le Palais, et s'attroupaient jusque sur le trône du Monarque, qui en paraissait très ennuyé. Whigtington reconnut la voix de la fortune qui l'appelait. Il ne fit que laisser aller son Chat, et voilà un monde

de Souris et de Rats étranglés, et le reste mis en fuite. Le Roi, charmé de l'espoir d'être bientôt délivré du fléau qui désolait ses Etats, entra dans des transports de reconnaissance qu'il ne savait comment exprimer assez vivement. Il embrassait tantôt ce Chat libérateur, et tantôt le jeune Anglais ; et pour accorder à l'un et à l'autre de dignes marques de sa reconnaissance, il déclara Whigtington son favori, et donna à ce merveilleux Chat le titre de Généralissime de ses Armées, n'ayant eu jusque-là d'ennemis à combattre que cette immensité de Souris et de Rats qui l'assiégeaient sans cesse.

***Les Chats*, 1727**

Le mousse et ses chats

Champfleury

Il y a deux ans, un navire marchand partait de Saint-Servan pour Lisbonne, avec un fort chargement. Dans la nuit, un épais brouillard s'élève, et le navire reçoit un tel choc d'un autre bâtiment que tout l'équipage est forcé de se réfugier à bord d'un vaisseau anglais passant dans ces parages.

Le capitaine naufragé regardait tristement son navire abandonné qui s'effaçait à l'horizon. Tout à coup il s'écrie :

« Où est le novice Michel ? »

Il appelle. Le novice est resté à bord. Sur l'immensité de l'Océan, aucune trace de navire. Le vaisseau a coulé. L'enfant est mort !

L'enfant vivait.

Au moment du conflit, le petit Michel tournait les manœuvres sur le devant du bâtiment. Sa tâche finie, il passe à l'arrière et s'aperçoit que le navire anglais emporte l'équipage.

Le novice appelle, crie. Ses cris se perdent dans les mugissements de la mer. L'enfant est seul sur un navire qui fait eau de toutes parts.

Michel pleure, l'eau monte toujours.

Après avoir pleuré, Michel se redresse, court à la pompe, allume un fanal, sonne la cloche, et toute la nuit lutte contre la tempête.

Le jour vient, l'enfant aperçoit une voile au loin, bien loin ! Il hisse le pavillon de détresse. La voile passe. Michel retourne à la pompe.

Vers midi, se détache sur l'horizon un nouveau navire ; mais, comme l'autre, celui-ci ne voit rien et disparaît.

En ce moment, les deux chats du bâtiment viennent caresser les jambes du mousse. Michel partage avec eux ses provisions de pain et de jambon.

Puis à l'œuvre encore ! A la pompe, aux signaux !

Ces alternatives de lutte, d'espérances et de désespoir durèrent trois jours.

Les provisions s'épuisaient, et toujours aux mêmes heures les chats, restés la seule compagnie du mousse, venaient demander leur pitance.

Un brick américain passa heureusement qui aperçut Michel sur la proue du navire près de sombrer.

L'enfant fut recueilli et ne voulut quitter le vaisseau qu'en emmenant ses chats.

Trois mois après, il regagnait le port de Saint-Sauveur, au milieu d'une foule battant des mains à la rentrée du mousse qui, dans ses bras, rapportait triomphalement les deux chats de l'équipage.

***Les Chats, mœurs, observations, anecdotes,* 1869**

Prettina, la chatte infirmière

John George Wood

On l'appelait Pret, par abréviation de Prettina (Joliette), et c'était tout à fait à bon droit qu'elle portait ce nom ; car sa fourrure était aussi délicatement nuancée qu'elle était soyeuse. C'était la chatte la plus intelligente, la plus vive et la plus aimable qui se soit jamais rencontrée sur mon chemin. A une époque où elle était fort jeune encore, je fus atteinte d'une maladie nerveuse. Elle s'aperçut tout de suite de mon absence, se mit à me chercher et se posa près de la porte de ma chambre jusqu'à ce qu'elle eût trouvé l'occasion de s'y glisser. Elle fit alors tout son possible pour m'amuser et me distraire de son mieux ; puis quand elle vit que j'étais trop souffrante pour jouer avec elle, la gentille Pret se mit à côté de moi et se constitua tout à fait ma garde-malade. Il n'y aurait pas eu beaucoup de personnes qui eussent été en état de le lui disputer pour la vigilance, ou de montrer à mon égard des soins plus délicats ; mais ce qu'il y eut surtout de prodigieux à voir, ce fut la rapidité avec laquelle elle apprit à connaître les différentes heures auxquelles je prenais des médicaments ou de la nourriture, ainsi que la régularité avec laquelle elle éveillait au moment fixé, en la mordant légèrement au nez, ma garde-malade qui se laissait parfois aller au sommeil. La pauvre bête faisait attention, jusque dans les moindres détails, à tout ce qui m'arrivait, et, aussitôt que j'avais l'air de la chercher du regard, elle était près de moi dans un clin d'œil, en faisant entendre un ronron plein d'affection. Ce qu'il y avait certainement de plus extraordinaire dans tout cela, c'est qu'elle se trompait à peine de cinq minutes dans ses calculs, pendant la nuit, comme pendant le jour. Il n'y avait aucune pendule à sonnerie dans la chambre où j'étais couchée, et cependant elle savait l'heure à une minute près.

***Histoire naturelle illustrée, (Mammifères),* 1853**

Complicité féline

Anny Duperey

Il est bien rare qu'un chat s'aventure à venir vers quelqu'un s'il n'y a pas eu au préalable un échange de regards assez longs. Ensuite, c'est la voix. Ça parle beaucoup, un chat. Plus ou moins suivant les races et les individus, et pour peu qu'on soit attentif et qu'on ait le goût de s'entraîner au sens du miaulement, on discerne vite ce qui est de l'ordre de la question, du simple mot doux, de la réclamation ou du mécontentement, et on peut avoir avec lui de véritables conversations. Il n'est pas vraiment nécessaire de miauler soi-même pour cela, car de son côté il comprend assez rapidement quelques mots et surtout le sens des intonations si l'on prend la peine de les exprimer assez clairement, comme on le fait pour se faire comprendre d'un jeune enfant.

***Les Chats de hasard*, 1999**

Tom Quartz,
le chat directeur

Mark Twain

J'avais un chat ici qui s'appelait Tom Quartz et qui aurait éveillé votre intérêt, j'crois, comme celui de n'importe qui. Je l'ai eu huit ans. C'était l'chat l'plus remarquable que j'ayons jamais eu. C'était un gros chat gris, du type chat d'gouttière et il avait plus de bon sens naturel que les types qui bossaient dans ce camp. Il avait aussi une dignité incroyab'. Il aurait pas toléré les familiarités du gouv'neur de Californie. Il a jamais chopé l'moindre rat. C'était au-d'ssous de lui. Il s'fichait d'tout, sauf de la mine. Y s'y connaissait mieux, ce chat, que n'importe quel gars de ma connaissance. On aurait pas pu lui apprendre quoi que ce soit sur le *placer digging* et quant au *pocket-mining*, il avait ça dans l'sang. Il nous suivait, Jim et moi, et quand on allait dans les collines à la r'cherche de l'or, il trottait derrière nous jusqu'à huit kilomètres, si on allait si loin qu'ça. Et il avait un flair superbe pour savoir où creuser. C'était à ne pas croire. Quand on s'mettait au boulot, il jetait un coup d'œil à la ronde et s'il pensait pas tripette de l'endroit, il vous r'gardait comme pour dire : « Bon, faudra qu'vous m'excusiez. » Et sans piper mot, il tendait son nez en l'air et s'tirait à la maison. Mais si l'terrain lui bottait, il s'faisait tout p'tit dans son coin en attendant qu'on lave la première batée. Il s'amenait alors pour y jeter un coup d'œil et s'il y avait six ou sept grains d'or, il était content. Ça lui suffisait. Et pis, il s'couchait sur nos vestes et ronflait comme un sapeur jusqu'à ce qu'on trouve une veine, pis il s'levait et s'approchait pour superviser. Quand il s'agissait de superviser, c'était un vrai chef.

***A la dure*, 1872**

La richesse à l'état pur

Colette

Pauvre ? Vous croyez que mon maître est pauvre, parce que ses contrevents vont choir au premier orage, parce que son mur chancelle, et que les vitres n'empêchent plus la bise d'entrer ?

Détrompez-vous, mon maître est riche. Ne voyez-vous pas qu'il a, fidèle et fourrée d'hermine, lumière d'un logis sans feu, chaleur d'un lit sans duvet – qu'il a sur sa fenêtre ce bien inestimable, cet éclatant démenti : une chatte blanche ?

Autres bêtes, « chats de Paris », 1950

Le chat Pipo et la pie

Louis Nucéra

Dans cette maison d'Alsace où des immigrants italiens s'étaient installés, régnait le chat Pipo. Ces pauvres gens ne connaissaient pas les vers de Baudelaire…

Peut-être est-il fée ? – est-il Dieu ?
C'est l'esprit familier du lieu,
Il juge, il préside, il inspire
Toutes choses dans son empire ;

… mais le chat était « l'orgueil de la maison ».

Ces Italiens avaient quatre enfants. Quatre filles. Un soir, l'une d'elles, rentrant de l'école, apporta une pie blessée à une aile. L'oiseau fut baptisé Sylvie et installé dans le panier où logeait habituellement le chat.

Au début, Pipo n'accepta pas l'intrusion impie. Il souffla, s'approcha, le poil hérissé, les griffes prêtes à lacérer. Il fallut s'interposer car la pie était trop désarmée pour lutter.

L'antagonisme dura deux jours et deux nuits. Au matin du troisième jour, Pipo flaira l'étrangère, sous les regards de la famille qui veillait. La curiosité avait amendé la colère en lui. Bientôt, un instinct de tendresse dut l'accaparer tout entier car il se mit à lécher Sylvie surtout là où elle souffrait. La ré-

conciliation fut si vraie que la famille laissa les deux animaux organiser leur vie commune. Pipo reprit possession de son panier, mais sans en chasser la nouvelle occupante. Au contraire, il la couva et lécha l'aile blessée avec une application scrupuleuse… Un mois plus tard la pie volait… de ses propres ailes. Elle n'abandonna pas la maison où elle venait d'être sauvée. Sylvie et Pipo ne furent séparés que le jour où la mort appela l'un d'eux… Une mort naturelle… Une mini-célébration d'amitié s'achevait.

***Sa majesté le chat*, 1992**

Je fus sauvé par un chat

Romain Gary

Je fus sauvé par un chat.

Son museau apparut brusquement devant moi entre les bûches, et nous nous regardâmes un instant avec étonnement. C'était un incroyable matou pelé, galeux, couleur de marmelade d'oranges, aux oreilles en lambeaux et avec une de ces mines moustachues, patibulaires et renseignées que les vieux matous finissent par acquérir à force d'expériences riches et variées.

Il me regarda attentivement, après quoi, sans hésiter, il se mit à me lécher la figure.

Je n'avais aucune illusion sur les mobiles de cette soudaine affection. J'avais encore des parcelles de gâteau au pavot répandues sur mes joues et mon menton, collées par mes larmes. Ces caresses étaient strictement intéressées. Mais cela m'était égal. La sensation de cette langue râpeuse et chaude sur mon visage me fit sourire de délice – je fermai les yeux et me laissai faire – pas plus à ce moment-là que plus tard, au cours de mon existence, je n'ai cherché à savoir ce qu'il y avait, exactement, derrière les marques d'affection qu'on me prodiguait. Ce qui comptait, c'est qu'il y avait là un museau amical et une langue chaude et appliquée qui allait et venait sur ma figure avec toutes les apparences de la tendresse et de la compassion. Il ne m'en faut pas davantage pour être heureux.

Lorsque le matou eut fini ses épanchements, je me sentis beaucoup mieux. Le monde offrait encore des possibilités et des amitiés qu'il n'était pas possible de négliger. Le chat se frottait à présent contre mon visage, en ronronnant. J'essayai d'imiter son ronron, et nous eûmes une pinte de bon temps, en ronronnant, tous les deux, à qui mieux mieux. Je ramassai les miettes du gâteau au fond de ma poche et les lui offris. Il se montra intéressé

et s'appuya contre mon nez, la queue raide. Il me mordit l'oreille. Bref, la vie valait à nouveau la peine d'être vécue. Cinq minutes plus tard, je grimpais hors de mon édifice de bois et me dirigeais vers la maison, les mains dans les poches, en sifflotant, le chat sur mes talons.

J'ai toujours pensé depuis qu'il vaut mieux avoir quelques miettes de gâteau sur soi, dans la vie, si on veut être aimé d'une manière vraiment désintéressée.

***La Promesse de l'aube*, 1960**

Le chat noir qui faisait sa soupe seul dans sa cuisine

Théophile Gautier

Un vieux chat noir, maigre, pelé comme un manchon hors d'usage et dont le poil tombé laissait voir par places la peau bleuâtre, était assis sur son derrière aussi près du feu que cela était possible sans se griller les moustaches, et fixait sur la marmite ses prunelles vertes traversées d'une pupille en forme d'I avec un air de surveillance intéressée. Ses oreilles avaient été coupées au ras de la tête et sa queue au ras de l'échine, ce qui lui donnait la mine de ces chimères japonaises qu'on place dans les cabinets parmi les autres curiosités, ou bien encore de ces animaux fantastiques à qui les sorcières, allant au sabbat, confient le soin d'écumer le chaudron où bouillent leurs philtres.

Ce chat, tout seul, dans cette cuisine, semblait faire la soupe pour lui-même, et c'était sans doute lui qui avait disposé sur la table de chêne une assiette à bouquets verts et rouges, un gobelet d'étain, fourbi sans doute avec ses griffes tant il était rayé, et un pot de grès sur les flancs duquel se dessinaient grossièrement, en traits bleus, les armoiries du porche, de la clef de voûte et des portraits.

Qui devait s'asseoir à ce modeste couvert apporté dans ce manoir sans habitants ? Peut-être l'esprit familier de la maison, le *genius loci*, le Kobold fidèle au logis adopté, et le chat noir à l'œil si profondément mystérieux attendait sa venue pour le servir, la serviette sur la patte.

***Le Capitaine Fracasse*, 1863**

Quand Piroli et sa fille Pussy soutiennent Guy

François Tassard

Pendant plusieurs jours, à la suite de cette équipée, mon maître resta morose ; Il passait des heures sur son divan, caressant ses deux chattes et ne se dérangeant que pour venir à la cuisine leur faire boire du lait.

***Souvenirs sur Guy de Maupassant par François son valet de chambre*, 1911**

L'habileté de toujours retomber sur ses pattes

Chevalier de Jaucourt

On demande pourquoi les *chats*, et plusieurs animaux du même genre, comme les fouines, putois, renards, tigres, etc., quand ils tombent d'un lieu élevé, tombent ordinairement sur leurs pattes, quoiqu'ils les eussent d'abord en haut, et qu'ils dussent par conséquent tomber sur la tête.

Il est bien sûr qu'ils ne pourraient pas par eux-mêmes se renverser ainsi en l'air, où ils n'ont aucun point fixe pour s'appuyer ; mais la crainte dont ils sont saisis leur fait courber l'épine du dos, de manière que leurs entrailles sont poussées en haut ; ils allongent en même temps la tête et les jambes vers le lieu d'où ils sont tombés, comme pour le retrouver, ce qui donne à ces parties une plus grande action de levier. Ainsi leur centre de gravité vient à être différent du centre de figure et placé au-dessus ; d'où il s'ensuit, par la démonstration de M. Parent, que ces animaux doivent faire un demi-tour en l'air et retourner leurs pattes en bas, ce qui leur sauve presque toujours la vie.

article « Chat », *L'Encyclopédie* (1746-1771)

Le chat et les deux amants

Emile Zola

Le chat tigré, François, était assis sur son derrière, au beau milieu de la chambre. Grave, immobile, il regardait de ses yeux ronds les deux amants. Il semblait les examiner avec soin, sans cligner les paupières, perdu dans une sorte d'extase diabolique.

« Regarde donc François, dit Thérèse à Laurent, on dirait qu'il comprend et va ce soir tout conter à Camille... Dis, ce serait drôle, s'il se mettait à parler dans la boutique, un de ces jours ; il sait de belles histoires sur notre compte… »

Cette idée que François pourrait parler amusa singulièrement la jeune femme. Laurent regarda les grands yeux verts du chat, et sentit un frisson lui courir sur la peau.

« Voici comment il ferait, reprit Thérèse, il se mettrait debout et, me montrant d'une patte, te montrant de l'autre, il s'écrierait : " Monsieur et madame s'embrassent très fort dans la chambre ; ils ne se sont pas méfiés de moi, mais comme leurs amours criminelles me dégoûtent, je vous prie de les faire mettre en prison tous les deux ; ils ne troubleront plus ma sieste. " »

Thérèse plaisantait comme un enfant, elle mimait le chat, elle allongeait les mains en façon de griffes, elle donnait à ses épaules des ondulations félines. François, gardant une immobilité de pierre, la contemplait toujours ; ses yeux seuls paraissaient vivants ; et il y avait, dans les coins de sa gueule, deux plis profonds qui faisaient éclater de rire cette tête d'animal empaillé.

Thérèse Raquin, 1867

Crédits iconographiques

Sommaire : «*Le Chat*». Dessin de Félix Vallotton pour une édition de *Poil de Carotte* de Jules Renard. Paris, 1916 © Roger-Viollet

Chapitre 1 - Portraits de chats : Hélène Crochemore
Affectueuse et câline mais maniaque et retorse : *Orange Tabby cat stalking birds*, Illustration by Timothy Easton © Blue Lantern Studio/Corbis
Tous les chats de Paris : Hélène Crochemore
Le chat, du sauvage à l'épineux, en passant par le chartreux: Guy Héranval
Chats de concierges parisiens : *Le chat devant la loge rue de Tournon*. Paris, 1957 © Janine Niépce / Roger-Viollet
Le minois de Moumoutte : *Cat in Holly* by Louis Wain, Private Collection, Photo © Bonhams, London/ The Bridgeman Art Library
Une merveilleuse rencontre : photo D.R.
Les champions de la discrétion : *Young black cat* © Deloche/ Godong/Leemage
Piroli arrive chez Guy : Hélène Crochemore
Les couleurs du chat : Guy Héranval
Le chat est un être parfait : « *Un chat* » Planche illustrée d'un manuscrit d'histoire naturelle. © Ravenna/Leemage
Une bastille de chats très assortie : *The Geometrist*, 2000 by Jane Lewis © The Bridgeman Art Library
Les petits chats explorateurs : Chats. Carte postale fantaisie. © Roger-Viollet
L'attitude du chat lorsqu'il est satisfait : Lisbonne, Portugal. *Monsieur Chat* graffiti on wall in Principe Real district. © Holger Leue/Corbis
Manon persan blanc et fille de harem : Guy Héranval
L'élégance du chat : A black and white illustration from *Funnybone Alley* by Alfred Kreymborg, © GraphicaArtis/Corbis

Chapitre 2 - Un homme, une femme, un chat : Guy Héranval
Mysouff premier : *Chat dans une arrière-cour rue Piat*. Paris, vers 1968. Photographie de Léon Claude Vénézia. © Roger-Viollet
Une chatte nommée Agate : Rue des Ursins, Paris, 1931 by André Kertesz, The Israel Museum, Jerusalem, Israel, The Noel and Harriette Levine Collection © The Bridgeman Art Library
Leçon tirée d'une chatte : *Pussy* by Louis Wain © Towneley Hall Art Gallery and Museum, Burnley, Lancashire, England/The Bridgeman Art Library
Coup de foudre : Guy Héranval
Une chatte aussi dévouée que déçue : *Portrait of Amelia Van Buren*, 1889 by Eakins, Thomas Cowperthwait; Private Collection/ The Bridgeman Art Library
Le chat d'Edmond de Goncourt : Hélène Crochemore
Péronnelle dans le crépuscule : *Chat à la fenêtre de nuit*. Paris, années 1970. Photographie de Léon Claude Vénézia. © Roger-Viollet
Piroli en folie quand Guy rentre d'Italie : Hélène Crochemore
Tu es l'évier de mon âme : Photo Gabrielle Duplantier / plainpicture
Les chattes, le chaton et l'écrivain : *Remembrances 1997*. Collage de Gerry Charm, Collection privée © Superstock/Leemage
Epitaphe féline : *Epouvantails dans un champ* © Jacques Boyer / Roger-Viollet
Le chat de Victor Hugo : *Le Chat*, c.1920 by Nevinson, Christopher Richard Wynne; Private Collection; Photo © The Fine Art Society, London/ The Bridgeman Art Library
Turiri, le chat océanien de Rarahu : *Easter Bonnet*, 2006 by Nick Cudworth, Private Collection © Portal Painters/ The Bridgeman Art Library
L'homme et le chat : *Clown in a Bicorne with a Cat*, drawing dedicated to Andre Rouveyre, 1916 by Guillaume Apollinaire, Bibliothèque Littéraire Jacques Doucet, Paris, France/ The Bridgeman Art Library
Don-Pierrot-de-Navarre, un chat de concierge intransigeant : *Cat Lady 2005*. Illustration de John Newcomb. Collection privée © Superstock/Leemage

Chapitre 3 - Une vie de chat : *Cat behind tree*, by Franz Marc, Hanover, Sprengel Museum Hannover, De Agostini Picture Library / M. Carrieri / The Bridgeman Art Library
Le chat et les souris : *A domestic cat playing with a mouse*, from the Luttrell Psalter, begun prior to 1340 for Sir Geoffrey Luttrell (1276-1345) English School, (14th century)/ The Bridgeman Art Library
Boo le chat-tigre : *The Tabby* by Henri J.F. Rousseau; Photo © Christie's Images/ The Bridgeman Art Library
Combat de chatons : Antoine Bourdelle. *Etudes de chat et personnages*. © Musée Bourdelle / Roger-Viollet
Les habitudes du chat : *Portrait de chat ronronnant*, Illustration 2013 © Laporta/Leemage
Quand un chat de salon découvre la vie sur les toits : *Les chats s'amusent* (sur les toits) - in «*Les images en musique*» de Jane Vieu, illustré par Benjamin Rabier © Selva/Leemage
Une chatte sur un mur : *Between Meals*. Illustration de Ben Watson III. Collection privée. © Superstock/Leemage
Le bonheur selon le chat : *Sleeping cat*, pub. c.1850; Private Collection/ The Bridgeman Art Library
Piroli de retour dans son logis à Paris : Hélène Crochemore
Mademoiselle Minette : *Portrait of Jules Michelet* by Thomas Couture, Musée de la Ville de Paris, Musée Carnavalet, Paris, France/ The Bridgeman Art Library
Beauty, la perle des chattes : *Amour porte aux animaux domestiques, une femme embrasse son chat*. Illustration 2013 © Laporta/ Leemage
Le goût des chats : *Cat in a Rainbow* by Louis Wain, Private Collection; Photo © Bonhams, London/ The Bridgeman Art Library
Le chat est-il un animal domestique ? : *Still Life with Cat and Mouse*, Primitive School, 1820 by Anonymous, Photo © Gavin Graham Gallery, London/ The Bridgeman Art Library
Fin féline historique : Hélène Crochemore
Les chats aiment-ils nager ? : *Fur Traders Descending the Missouri*, 1845 by George Caleb Bingham, Metropolitan Museum of Art, New York, USA / The Bridgeman Art Library
Drame nocturne : photo D.R.

Chapitre 4 - L'insondable mystère des chats : *Siamese Cat-Series I 1998*. Peinture d'Isy Ochoa © Superstock/Leemage
Un chat auquel il ne manquait que la parole : Hélène Crochemore
Le désir de lire dans les yeux des chats : *Jeune fille tenant dans ses bras un chat blanc angora aux yeux verts*. Carte postale début XXe siecle. © Gusman/Leemage
Réception féline : *Taking tea* by Louis Wain © Look and Learn / Valerie Jackson Harris Collection; British / The Bridgeman Art Library
Minos et les perruches : *Des chatons jouent dans la cage d'une perruche* - par Lambert, XIXe siècle © selva/leemage
L'hypocrite de religion : *Psyche*, the Persian Cat, 1787 by Sartorius, Francis, National Trust Photographic Library/Derrick E. Witty/ The Bridgeman Art Library
Je suis le diable : *The Cat Demon on the Tokaido road*, c.1850 by Yoshifuji, Utagawa; Mead Art Museum, Amherst College, MA, USA /The Bridgeman Art Library
Le réveil de Blondine : *Woman Lying on a Bench*, 1913 by Carl Larsson, Louvre, Paris, France/ The Bridgeman Art Library
L'impitoyable patience du chat : Photographie d'un dessin. *Le chat, l'oiseau*, 1884. © Collection Sirot-Angel/Leemage
Le chat d'Alice : *Alice in Wonderland* by Philip Mendoza, Private Collection © Look and Learn; English/ The Bridgeman Art Library
Une scène d'une indescriptible horreur : *Kats meow*, 2006. Illustration de Diana Ong. Dessin numérique. © Superstock/ Leemage
Le chat sorcier : Guy Héranval
Haïku : *Looking troublesome - the appearance of a virgin of the Kansei era*, 1888 by Yoshitoshi, Tsukioka; National Gallery of Australia, Canberra / The Bridgeman Art Library
Chats, djinns et baracy : 4ème de couverture des contes «*Les Mille et Une Nuits*» par Lucien Laforge, 1912 © Selva/Leemage
Chat persan fan de chanteur de charme : Guy Héranval
L'horloge : Hélène Crochemore

Chapitre 5 - Heures douces et complices : *Eiaha Ohipa* © Luisa Ricciarini/Leemage
Piroli et les canards de Barbarie : Hélène Crochemore
Minos dans ma salle de bains : «*Le bain*». Carte postale © Concept-Image/Leemage
La ferveur de l'amour : Poster Advertising Nestle's Swiss Milk, Théophile Alexandre Steinlen, Bibliothèque des Arts Décoratifs, Paris, France / The Bridgeman Art Library
Une merveille de la création : *La Paresse*, 1896 by Félix Edouard Vallotton / The Bridgeman Art Library
Le chat, la marmite et le vieillard : *Chat grimpé sur la table du petit déjeuner*, 1913 © Selva/Leemage
Hamilcar et « l'homme aux bouquins » : D.R.
André et Boo : ca. 1990s, Manhattan, New York City, New York State, USA - *Orange «Punk Pussy»* Painted on SoHo Wall - Image by © David Robinson/CORBIS
La chatte que nous avons eue ensemble : Colette. Mezzanine de son appartement 9, rue de Beaujolais. Paris, France. © Collection Harlingue / Roger-Viollet
L'éléphant et le chat : *Chats et éléphant*. Illustration d'Otto Speckter tirée du conte «*Le Maitre chat ou le Chat botté*» de Charles Perrault, 1847. © British Library Board/Robana/Leemage
L'affection des bêtes : *Portrait de Pierre Loti* c.1891 by Henri J.F. Rousseau, Kunsthaus, Zurich, Switzerland / The Bridgeman Art Library
Cette chère Lolotte : *Le chat de Paul Léautaud*. Fontenay-aux-Roses (Hauts-de-Seine), vers 1950. © Jacques Rouchon / Roger-Viollet
L'idole secrète de l'appartement : *Blue cat*, 2007. Illustration de Diana Ong. Dessin numérique © Superstock/Leemage
Le compagnon idéal du chat : *The Studio of Ingres in Rome*, 1818 by Jean Alaux, Musée Ingres, Montauban, France / The Bridgeman Art Library
Le chat des Aubignettes : *Cats Of Provence*, 1997. Peinture de Isy Ochoa. © Superstock/Leemage
Un chat papal : *Bouquet and a Cat*, 1919 de Suzanne Valadon / The Bridgeman Art Library

Chapitre 6 - Les pouvoirs magiques du chat : Hélène Crochemore
Lucio sauvé par Nitchevo : *Le Gourmand*, The Glutton by English School, (19th century); Private Collection © Look and Learn/ Valerie Jackson Harris Collection / The Bridgeman Art Library
L'abbé dans son cercueil... sans oublier le chat : *Edward Lear Aged 73 and a Half and His Cat Foss, Aged 16* (litho) by Edward Lear ; Private Collection / The Bridgeman Art Library
Le chat de Jean Foucault : *Kaleidoscope Cats VI* by Louis Wain, Bethlem Royal Hospital Museum/ The Bridgeman Art Library
Le chat libérateur de Mylord Cat : Leaf of a manuscript on Siamese cats, early 20th century by Thai School; National Library, Bangkok, Thailand; Photo © Luca Tettoni / The Bridgeman Art Library
Le mousse et ses chats : *European Cat in Malta* 2001. Peinture de Isy Ochoa © Superstock/Leemage
Prettina, la chatte infirmière : *Au lit ou la femme au chat*, Peinture de Georges Lemmen, 1900, Paris, musée d'Orsay © Photo josse/Leemage
Complicité féline : *The Living Room*, 1920 by Ernst Ludwig Kirchner, Hamburger Kunsthalle, Hamburg, Germany; German/ The Bridgeman Art Library
Tom Quartz, le chat directeur : Grandville. «*Peines de coeur d'une chatte Anglaise - Mon silence l'enhardit et il s'écria : chère minette !* ». Paris, Maison de Balzac. © Roger-Viollet
La richesse à l'état pur : *Suzanne Valadon et son chat*. Peinture de Marcel Leprin, Fondation Regards de provence, Marseille © Jean Bernard/Leemage
Le chat Pipo et la pie : *Don Manuel Osorio de Zuniga* c.1789 by Francisco Jose de Goya y Lucientes, Metropolitan Museum of Art, New York, USA/ The Bridgeman Art Library
Je fus sauvé par un chat : *Romain Gary*. Paris, 1960. Photographie de Sam Shaw © 1940-2014 Sam Shaw Inc./ Roger-Viollet
Le chat noir qui faisait sa soupe seul dans sa cuisine : *Chat se cachant dans le cabas des courses*. Illustration 2013 © Laporta/ Leemage
Quand Piroli et sa fille Pussy soutiennent Guy : Hélène Crochemore
L'habileté de toujours retomber sur ses pattes : How a Cat Falls, from «*Les Dernières Merveilles de la Science*» by Daniel Bellet (chromolitho) by Lasellaz, G. / The Bridgeman Art Library
Le chat et les deux amants : *Baiser* - style arts décoratifs © Selva/Leemage

Crédits des textes

P. 10 : Joseph Delteil, « Tous les chats de Paris », in *Les Chats de Paris*, 1929 © Editions de Paris, 1994 ;
P. 14 : Paul Morand, « Chats de concierges parisiens », in *Rond-point des Champs-Elysées*, 1935 © Grasset ;
P. 18 : Anny Duperey, « Une merveilleuse rencontre », in *Les Chats de hasard*, 1999 © Le Seuil ;
P. 35 : Elian-J. Finbert, « Manon, persan blanc et fille de harem », in *Les Plus Belles histoires de chat*, 1958 © D. R. ;
P. 42 : Renée Massip, « Une chatte nommée Agate », in *Le Chat de Briarres*, 1977 © Gallimard ;
P. 44 : Georges Duhamel, « Leçon tirée d'une chatte », in *Fables de mon jardin*, 1947 © ayants droit G. Duhamel ;
P. 47 : Maurice Goudeket, « Coup de foudre », in *Près de Colette*, 1956 © Flammarion ;
P. 52 : Colette, « Péronnelle dans le crépuscule », in *La Retraite sentimentale*, 1907 © Mercure de France ;
P. 76 : Konrad Lorenz, « Combats de chatons », in *Tous les chats, tous les chiens*, 1954 © 1983, Deutscher Taschenbuch Verlag Gmbh & Co. KG, Munich © D. R. pour la traduction française ;
P. 79 : Jean-Louis Hue, « Les habitudes du chat », in *Le Chat dans tous ses états*, 1982 © Grasset ;
P. 97 : Paul Bonnecarrière, « Fin féline historique », in *Par le sang versé*, 1958 © Fayard ;
P. 98 : Elian-J. Finbert, « Les chats aiment-ils nager ? », in *Les Plus Belles Histoires de chat*, 1958 © D. R. ;
P 110 : Marcel Jouhandeau, « Minos et les perruches », in *Animaleries*, 1961 © Gallimard ;
P. 115 : Colette, « Je suis le diable », in *La Paix chez les bêtes*, 1916 © Fayard ;
P. 127 : Paul Claudel, « Haïku », in *Cent phrases pour éventails*, 1942 © Gallimard ;
P. 131 : Elian-J. Finbert, « Chat persan, fan de chanteur de charme », in *Les Plus Belles Histoires de chat*, 1958 © D. R. ;
P. 139 : Marcel Jouhandeau, « Minos dans ma salle de bains », in *Animaleries*, 1961 © Gallimard
P. 140 : Maurice Genevoix, « La ferveur de l'amour », in *Rroû*, 1931 © Flammarion ;
P. 143 : Renée Massip, « Une merveille de la création », in *Le Chat de Briarres*, 1947 © Gallimard ;
P. 150 : Maurice Goudeket, « La chatte que nous avons eue ensemble », in *Près de Colette*, 1956 © Flammarion ;
P. 156 : Paul Léautaud, « Cette chère Lolotte », in *Passe-temps*, 1928 © Mercure de France ;
P. 162 : Henri Bosco, « Le chat des Aubignettes », in *L'Epervier*, 1963 © Gallimard ;
P. 168 : Tennessee Williams, « Lucio sauvé par Nitchevo », in « Malédiction », *La Statue mutilée*, 1960 © Robert Laffont ;
P. 170 : Elian-J. Finbert, « L'abbé dans son cercueil… sans oublier le chat », in *Les Plus Belles Histoires de chat*, 1958 © D. R. ;
P. 184 : Colette, « La richesse à l'état pur », in *Autres bêtes, « Chats de Paris »*, 1950 © Succession Colette ;
P. 196 : Louis Nucéra, « Le chat Pipo et la pie », in *Sa majesté le chat*, 1992 © Archipel ;
P. 188 : Romain Gary, « Je fus sauvé par un chat », in *La Promesse de l'aube*, 1960 © Gallimard ;

MIXTE
Issu de sources responsables
FSC® C003309

Création graphique : Atelier Didier Thimonier
Mise en pages : Hélène Crochemore
Fabrication : Emmanuelle Laine
Photogravure : APS Chromostyle
Imprimé en France par Loire Offset Titoulet en août 2014.